Prima Vista 3a

Susanna Király

© Susanna Király

Kustantaja: BoD - Books on Demand, Helsinki, Suomi
Valmistaja: BoD - Books on Demand, Norderstedt, Saksa
ISBN: 978-952-498-246-7

Sisällysluettelo 3a

Sisällysluettelo 3a

Oktaavialat

3a

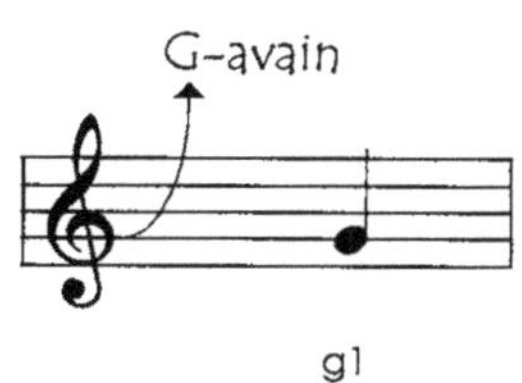

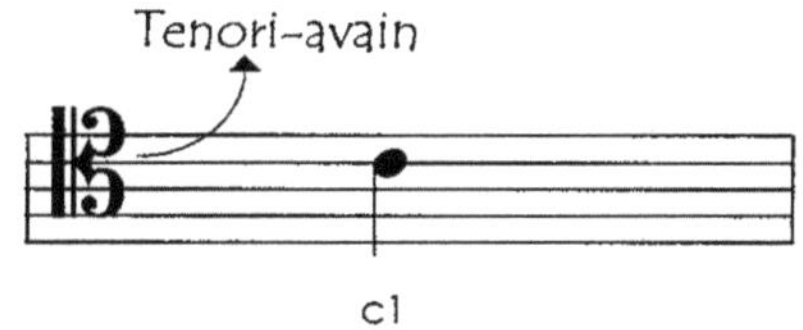

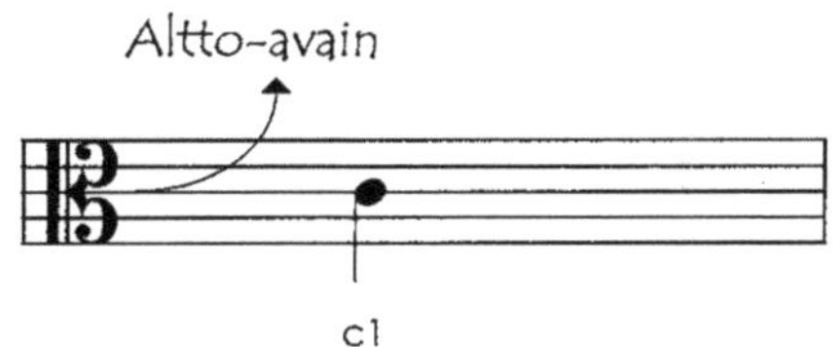

Asteikot

C-duuri + a-molli
C : do re mi fa so la ti do'   a : la, ti, do re mi fa so la
G-duuri + e-molli
G : do re mi fa so la ti do'   e : la, ti, do re mi fa so la
F-duuri + d-molli
F : do re mi fa so la ti do'   d : la, ti, do re mi fa so la
D-duuri + h-molli
D : do re mi fa so la ti do'   h : la, ti, do re mi fa so la
B-duuri + g-molli
B : do re mi fa so la ti do'   g : la, ti, do re mi fa so la
A-duuri + fis-molli
A : do re mi fa so la ti do'   fis : la, ti, do re mi fa so la
Es-duuri + c-molli
Es : do re mi fa so la ti do'   c : la, ti, do re mi fa so la
E-duuri – cis-molli
E : do re mi fa so la ti do'   cis : la, ti, do re mi fa so la
As-duuri + f-molli
As : do re mi fa so la ti do'   f : la, ti, do re mi fa so la
H-duuri – gis-molli
H : do re mi fa so la ti do'   gis : la, ti, do re mi fa so la
Des-duuri + b-molli
Des : do re mi fa so la ti do'   b : la, ti, do re mi fa so la
Fis-duuri + dis-molli
Fis : do re mi fa so la ti do'   dis : la, ti, do re mi fa so la
Ges-duuri + es-molli
Ges : do re mi fa so la ti do'   es : la, ti, do re mi fa so la
Ces-duuri + as-molli
Ces : do re mi fa so la ti do'   as : la, ti, do re mi fa so la
Cis-duuri + ais-molli
Cis : do re mi fa so la ti do'   ais : la, ti, do re mi fa so la

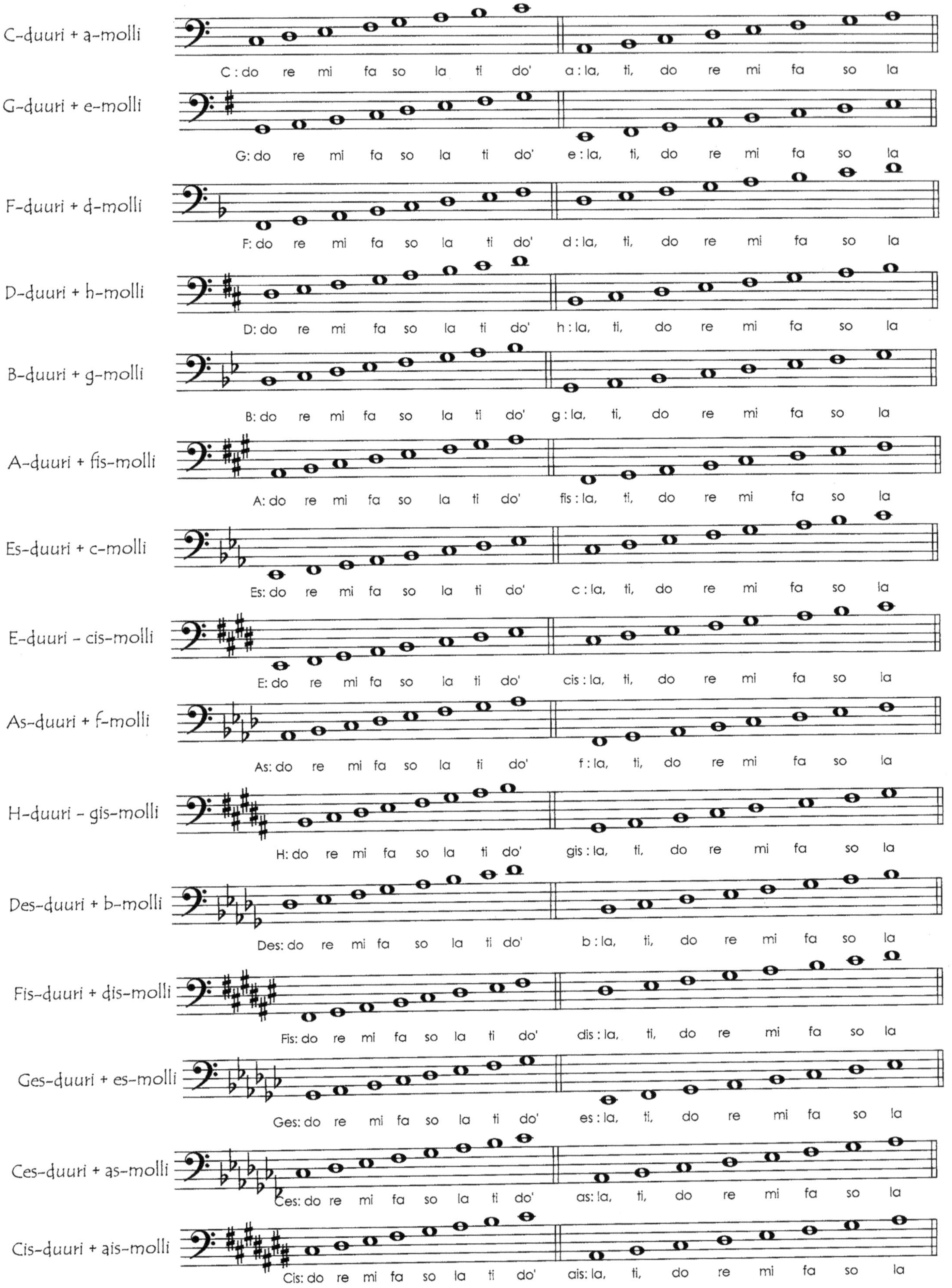

Harmoniset molliasteikot

3a

Melodiset molliasteikot

3a

Intervallit

3a

> I. ryhmä: 1, 4, 5, 8
>
> Vähennetty ‹ Puhdas ‹ Ylinouseva
> 0,5   0,5

> II. ryhmä: 2, 3, 6, 7
>
> Vähennetty ‹ Pieni ‹ Suuri ‹ Ylinouseva
> 0,5   0,5   0,5

KÄÄNNÖKSET:

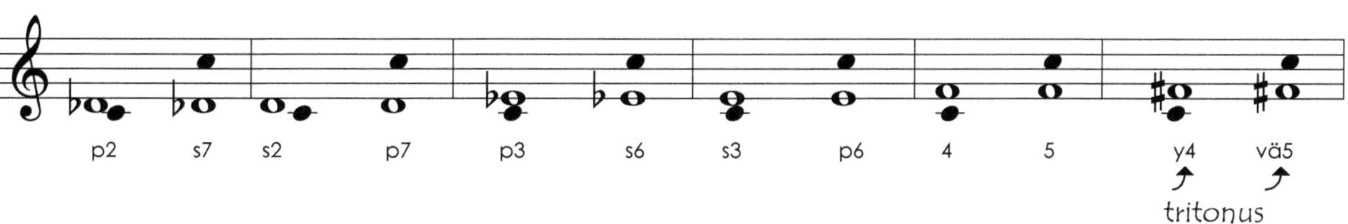

Kolmisoinnut

3a

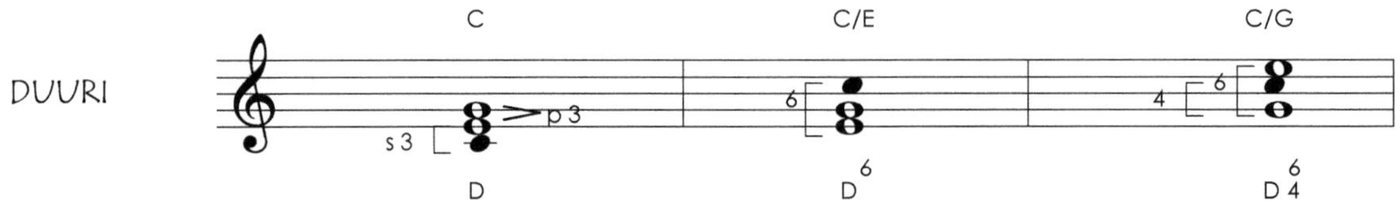

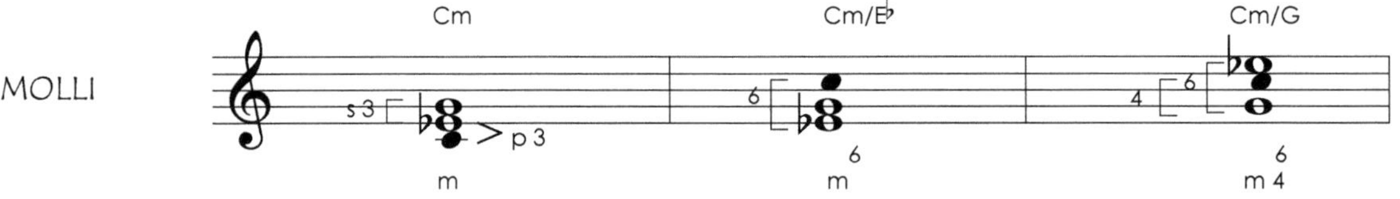

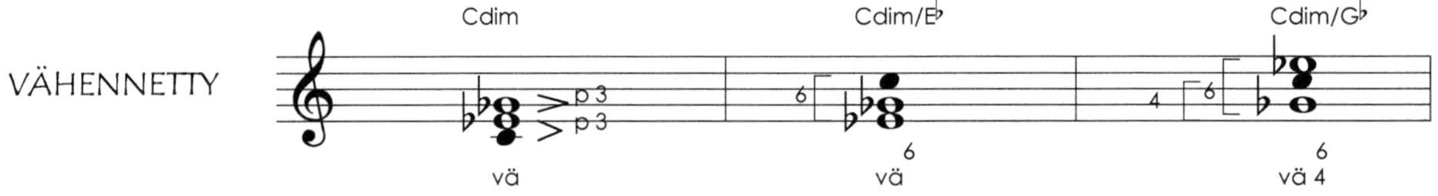

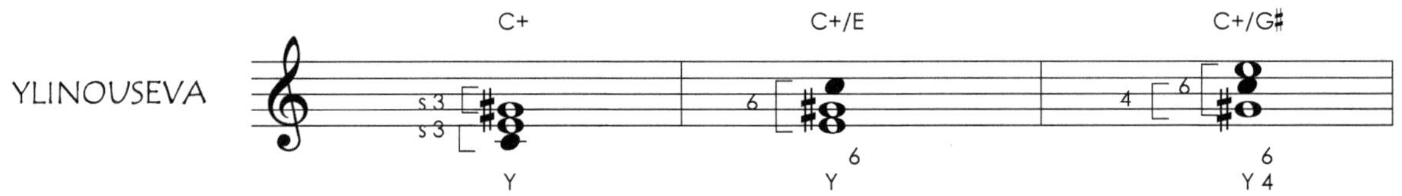

Asteet ja käännökset

3a

Duurissa:

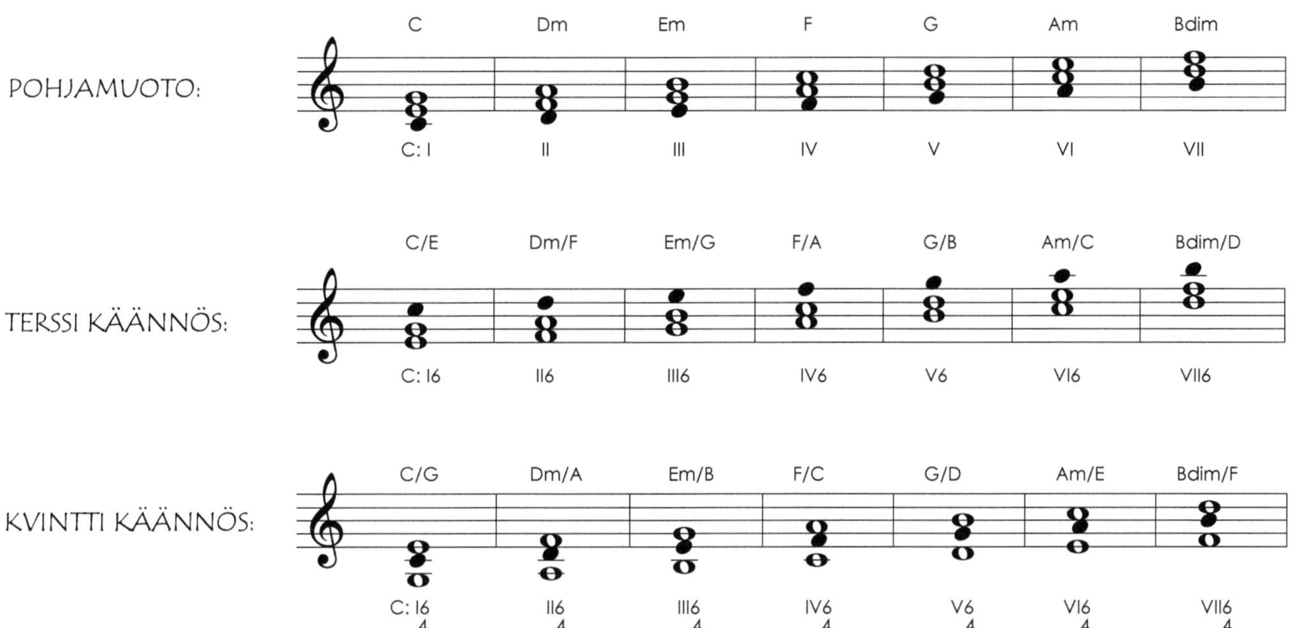

Mollissa:

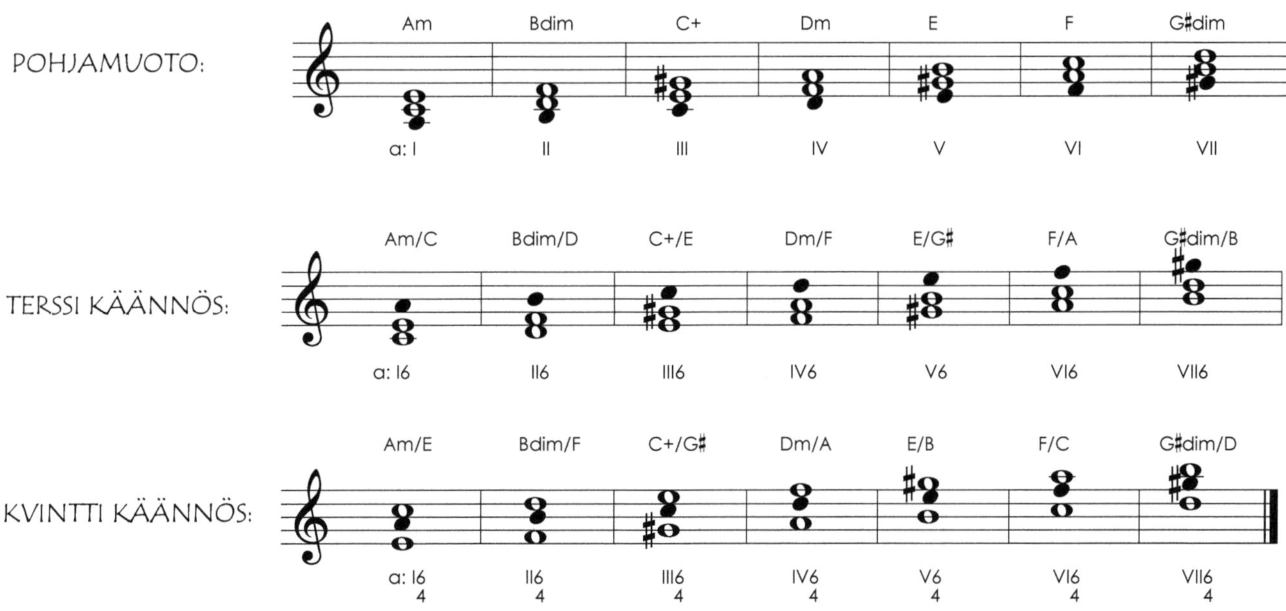

Nelisoinnut ja käännökset

3a

Duurissa:

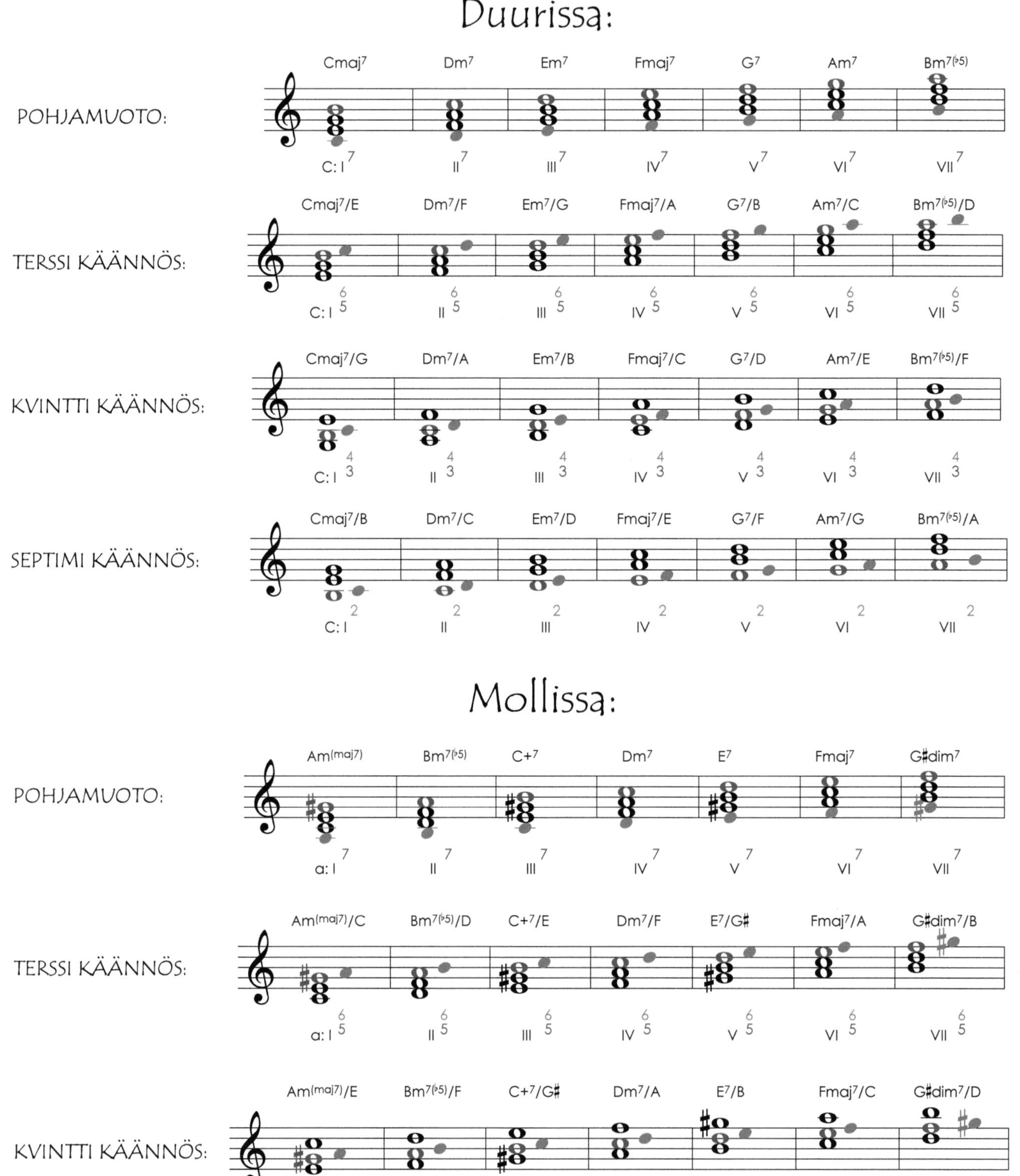

Mollissa:

Kadenssit ja funktiot

3a

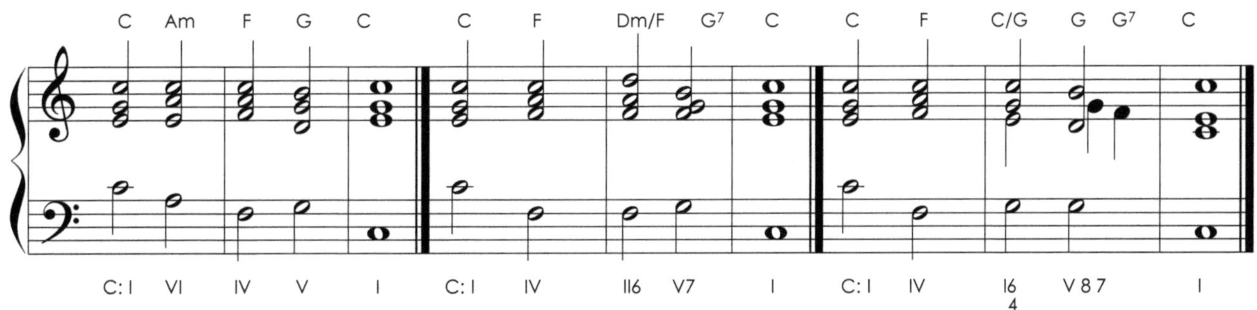

Funktiot:

T = Toonika (perussointu)

M = Mediantti (sijaissointu)

S = Subdominantti (leposointu)

D = Dominantti (huippusointu)

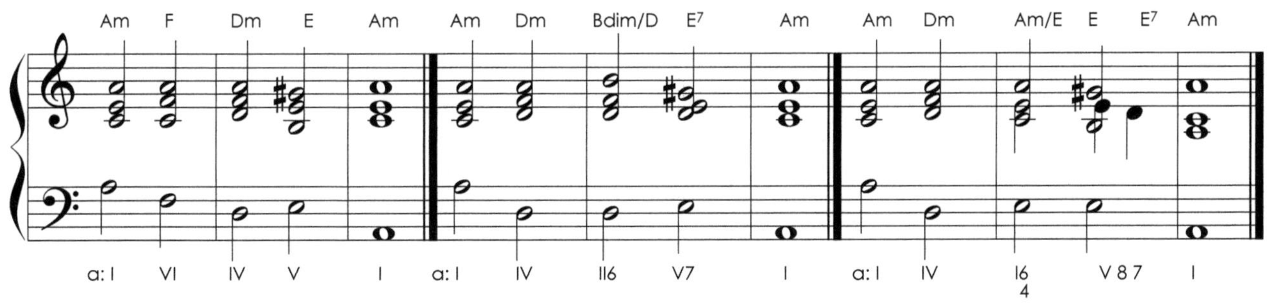

Säveltapailu 3a
Tehtäväsivu nro 1

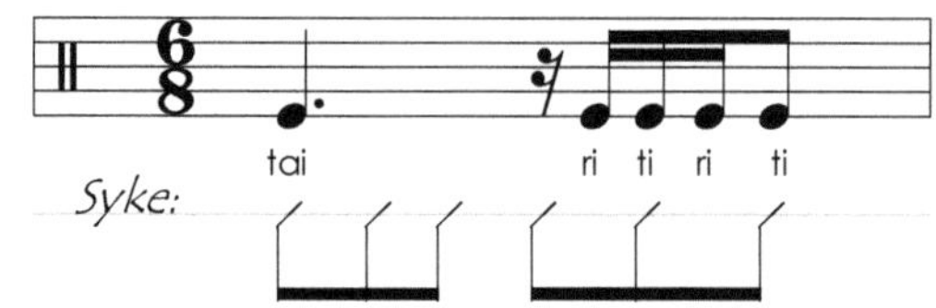

Rytmitapailu:

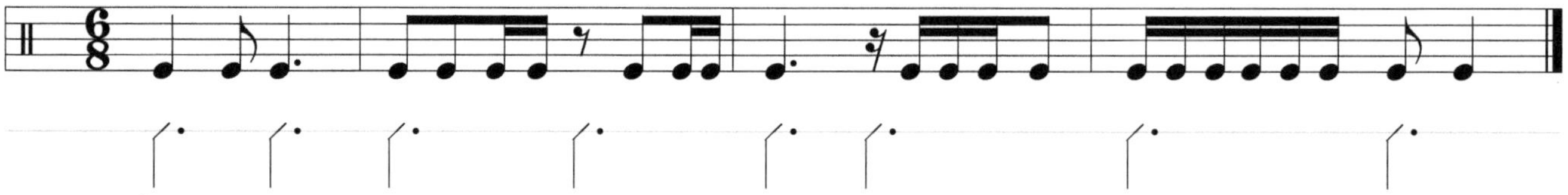

Rytmisanelu:

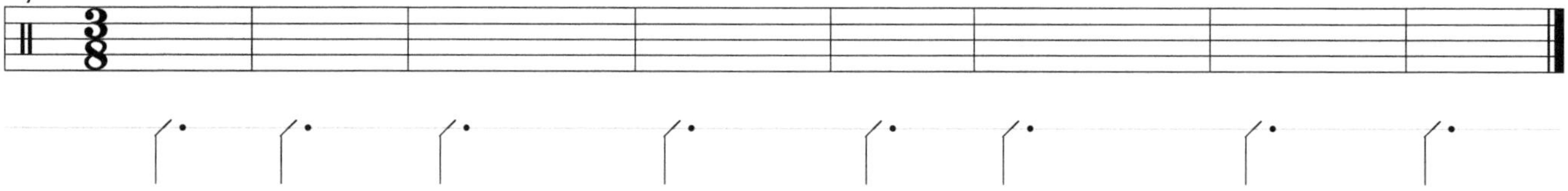

KOLMISOINNUT:

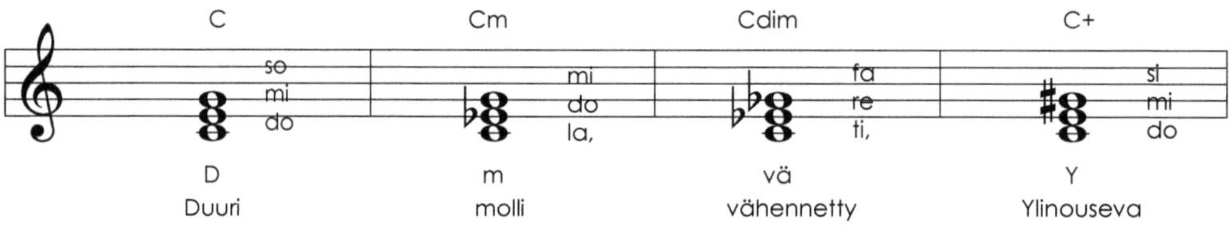

Tunnista soinnut:

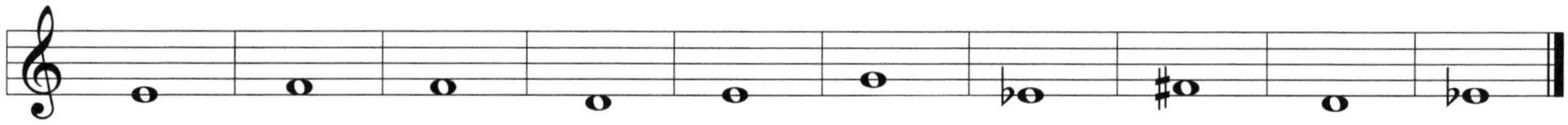

PIENMUOTOANALYYSI:

MUOTO: jonomainen (a b c)

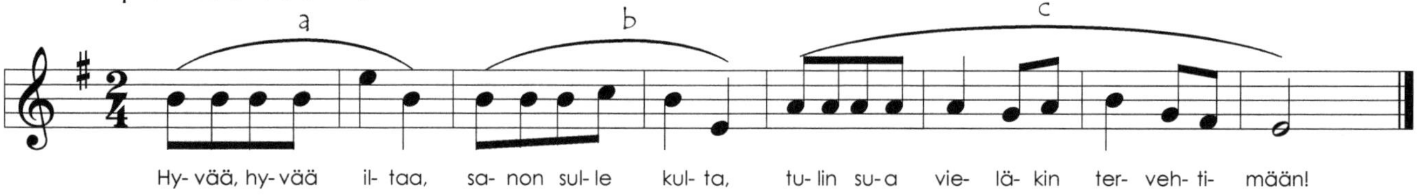

MUOTO: parillinen (a a b b)

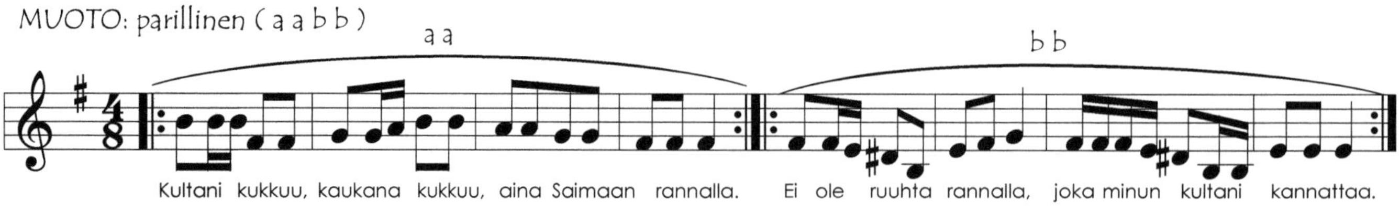

MUOTO: kehys (a b a)

Teoria 3a
Tehtäväsivu nro 1

KOLMISOINTU ON POHJASÄVELESTÄ, SEN TERSSISTÄ JA KVINTISTÄ MUODOSTETTU SOINTU

Tunnista soinnut

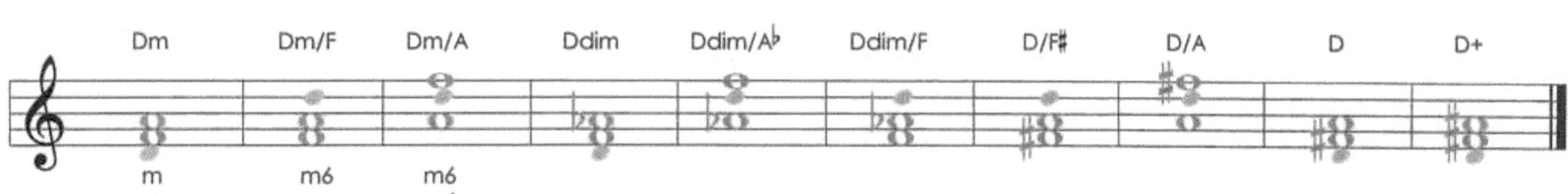

Musiikkisanat

ottava alta =
ottava bassa =
diatoninen =

Säveltapailu 3a
Tehtäväsivu nro 2

Teoria 3a

Tehtäväsivu nro 2

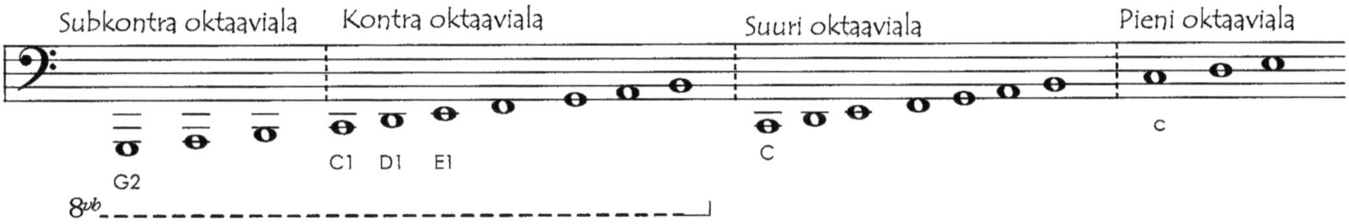

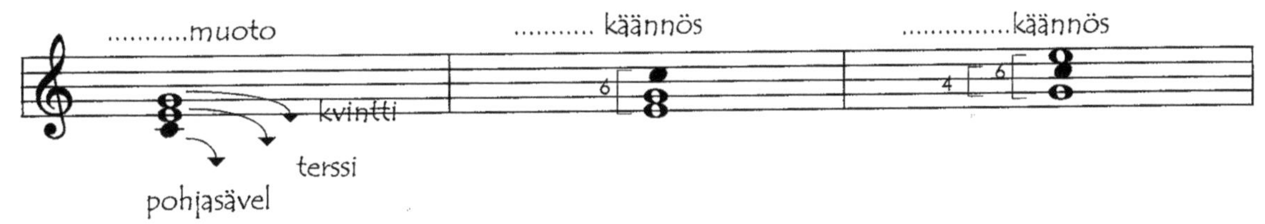

Kirjoita nuotit

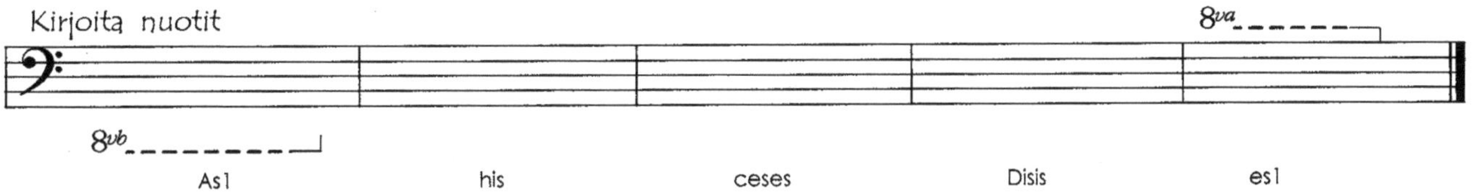

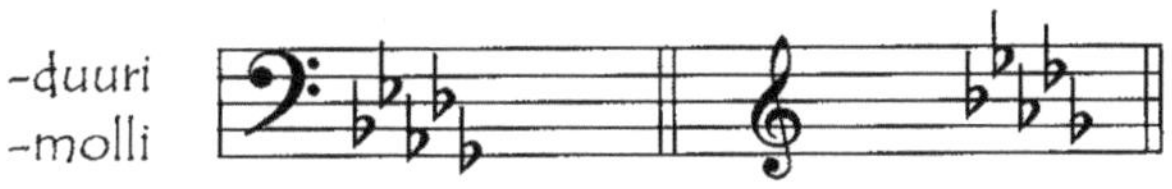

-duuri
-molli

Des-duuriasteikko

KOLMISOINTU ON POHJASÄVELESTÄ, SEN TERSSISTÄ JA KVINTISTÄ MUODOSTETTU SOINTU

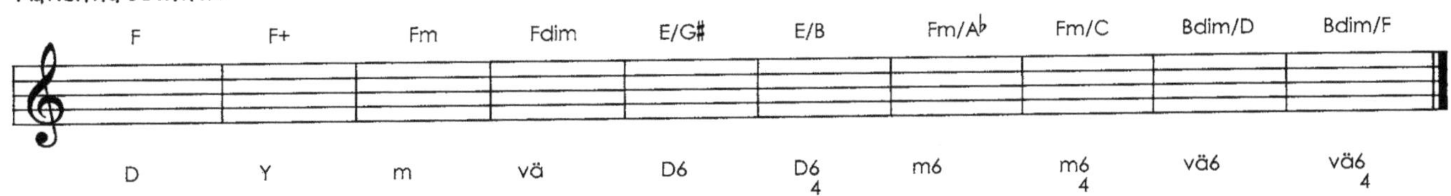

Rakenna soinnut

F	F+	Fm	Fdim	E/G♯	E/B	Fm/A♭	Fm/C	Bdim/D	Bdim/F
D	Y	m	vä	D6	D6/4	m6	m6/4	vä6	vä6/4

Musiikkisanat

käännös =
adagietto =
imitaatio =

Säveltapailu 3a
Tehtäväsivu nro 3

ALKUPITKÄKUVIO

Rytmitapailu:

M.M. ♩ = 72

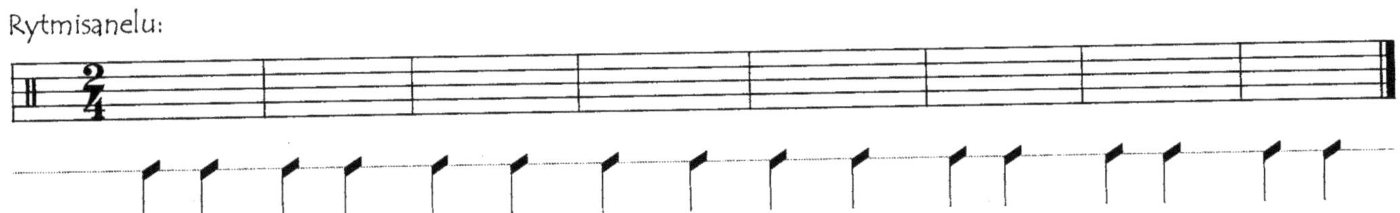

Rytmisanelu:

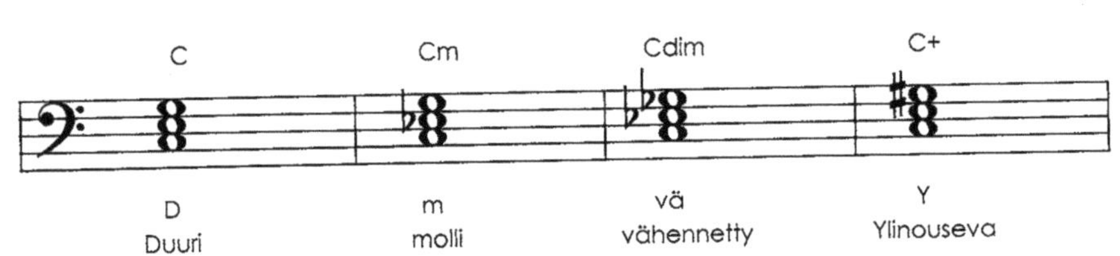

KOLMISOINNUT:

Tunnista soinnut:

Teoria 3a
Tehtäväsivu nro 3

NELISOINTU ON POHJASÄVELESTÄ, SEN TERSSISTÄ, KVINTISTÄ JA SEPTIMISTÄ MUODOSTETTU SOINTU

Rakenna soinnut

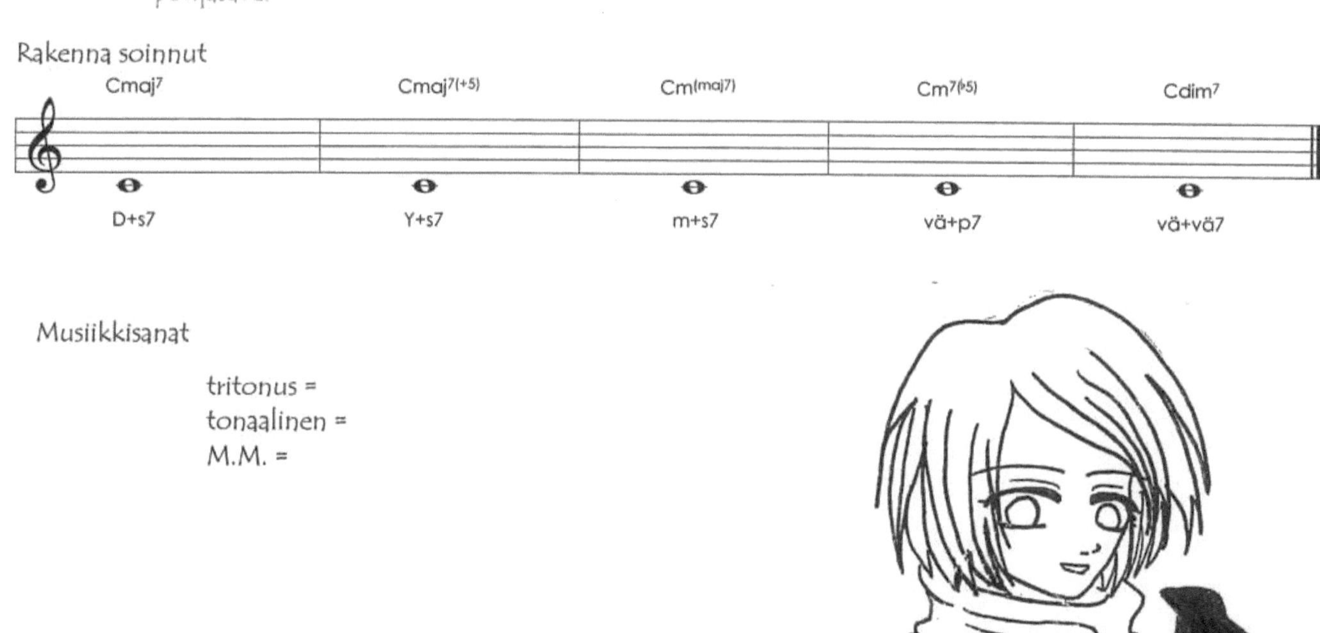

Musiikkisanat

tritonus =
tonaalinen =
M.M. =

Säveltapailu 3a
Tehtäväsivu nro 4

Melodiatapailu:

Transponoi gis-molliin:

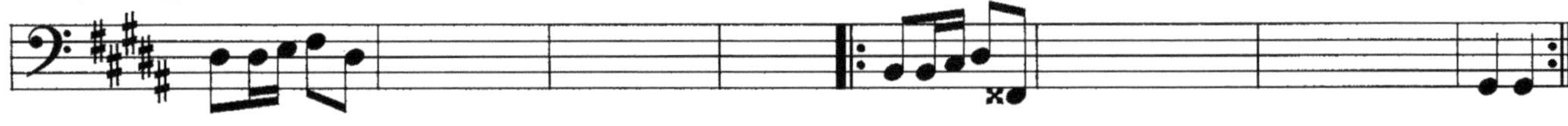

Transponoi b-molliin:

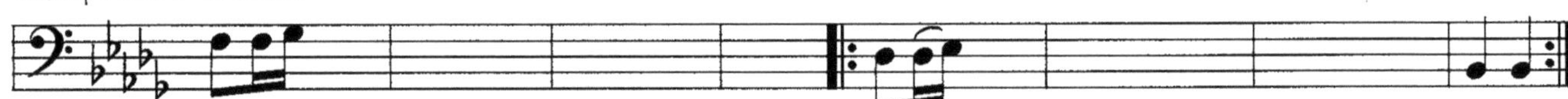

Melodiasanelu:

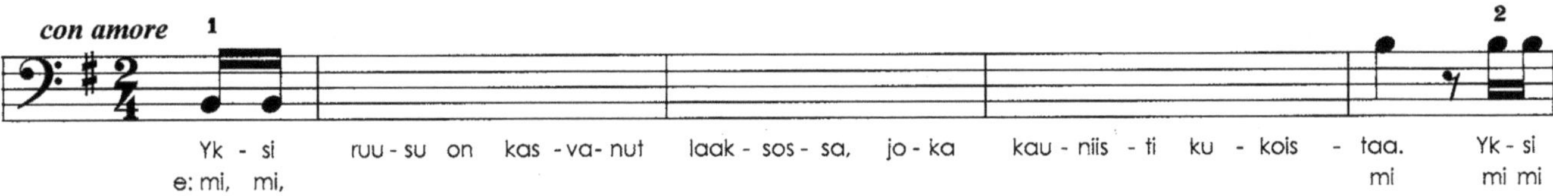

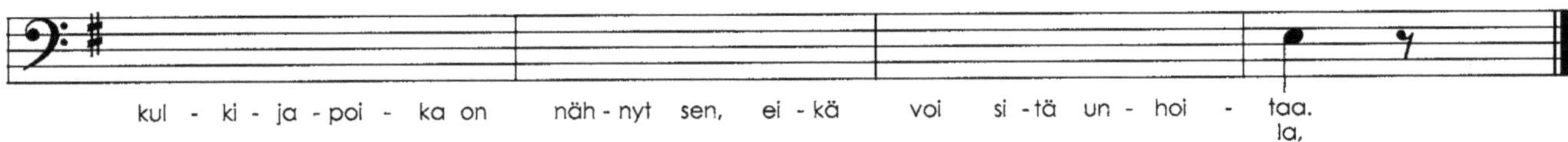

Transponoi gis-molliin:

Transponoi b-molliin:

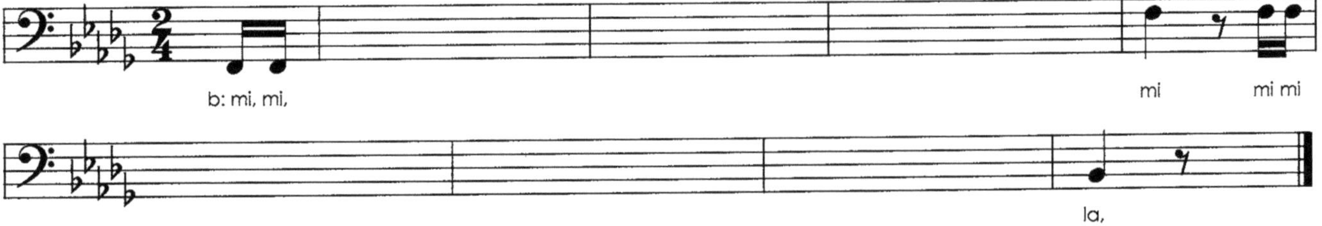

Teoria 3a

Tehtäväsivu nro 4

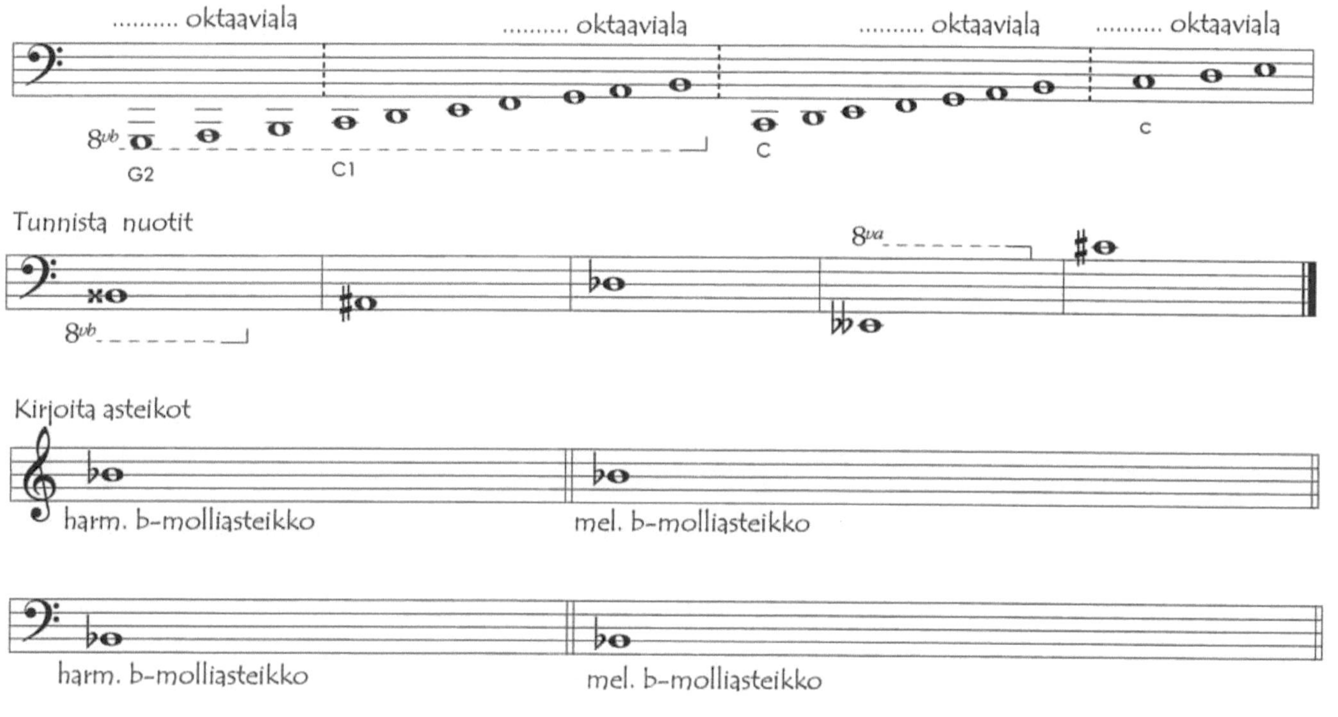

NELISOINTU ON POHJASÄVELESTÄ, SEN TERSSISTÄ, KVINTTISTÄ JA SEPTIMISTÄ MUODOSTETTU SOINTU

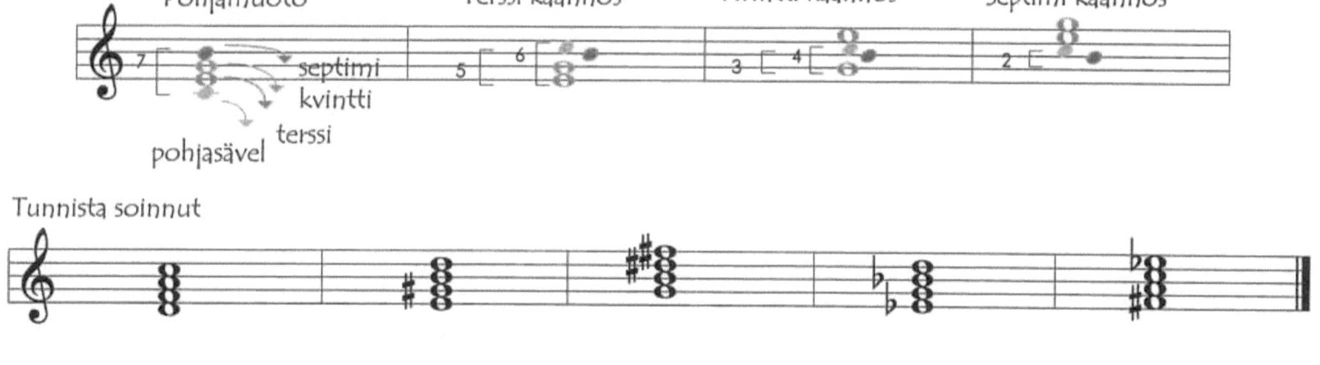

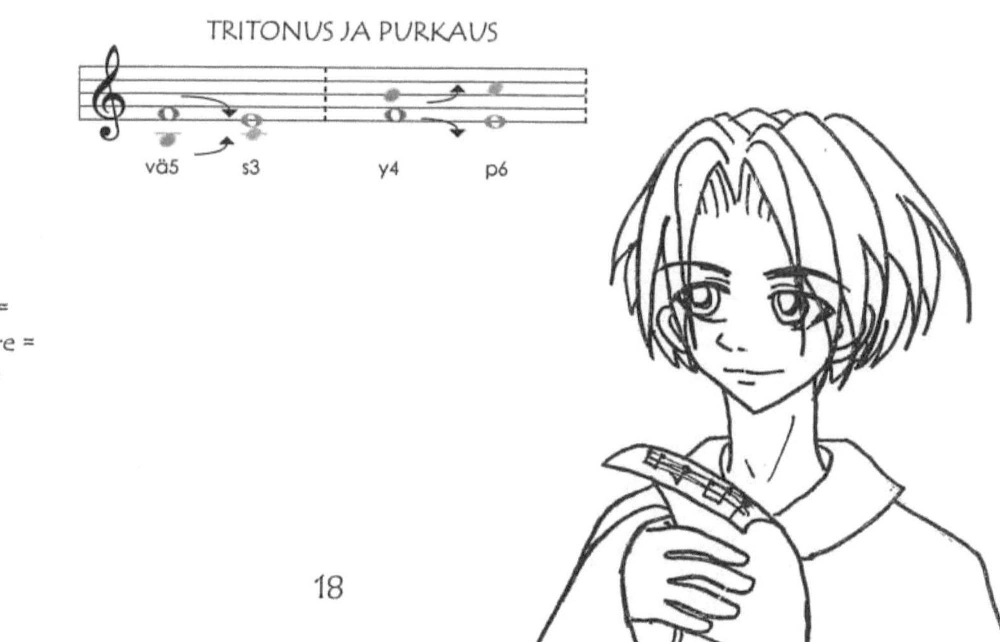

Musiikkisanat

    con brio =

    con amore =

    purkaus =

Säveltapailu 3a
Tehtäväsivu nro 5

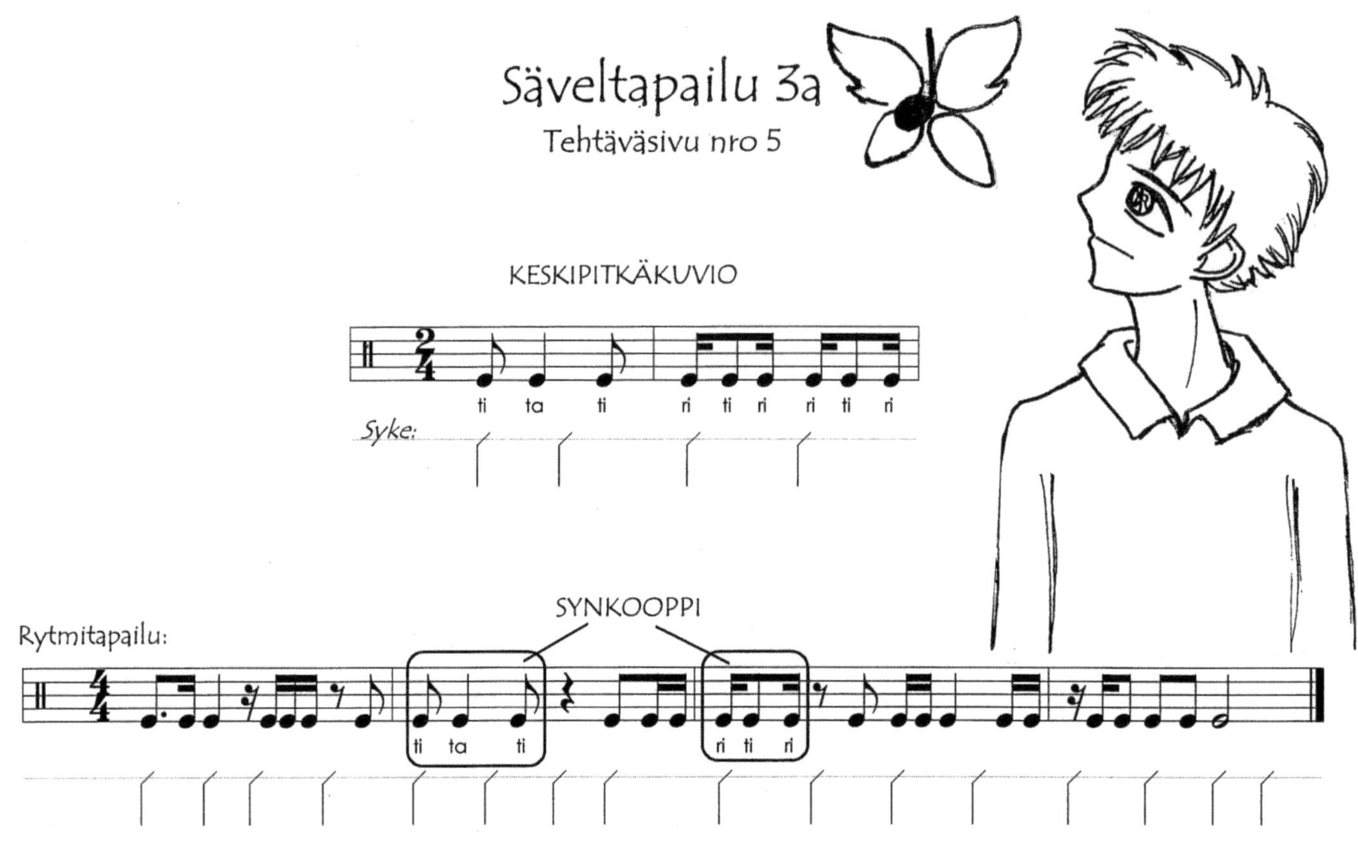

Rytmitapailu:

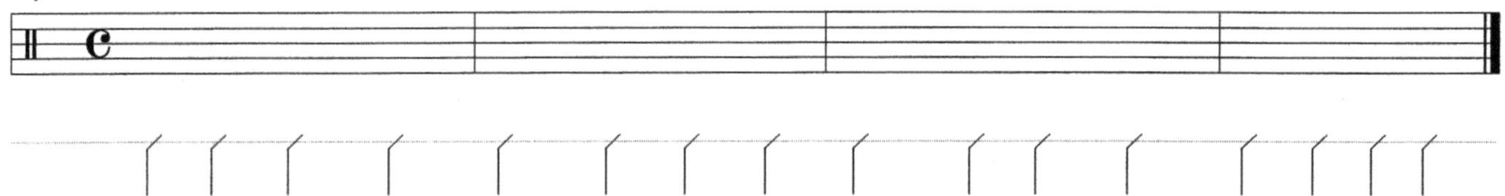

Rytmisanelu:

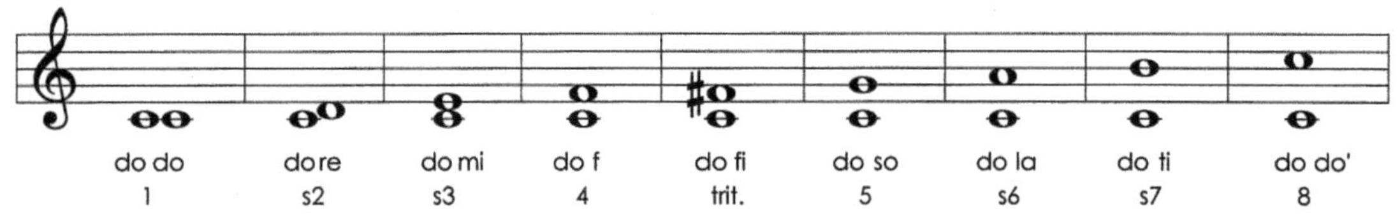

DUURI-INTERVALLIT:

Tunnista intervallit:

Tunnista soinnut:

Musiikkisanat

agitato =

aksentti =

alla breve =

Säveltapailu 3a
Tehtäväsivu nro 6

Teoria 3a
Tehtäväsivu nro 6

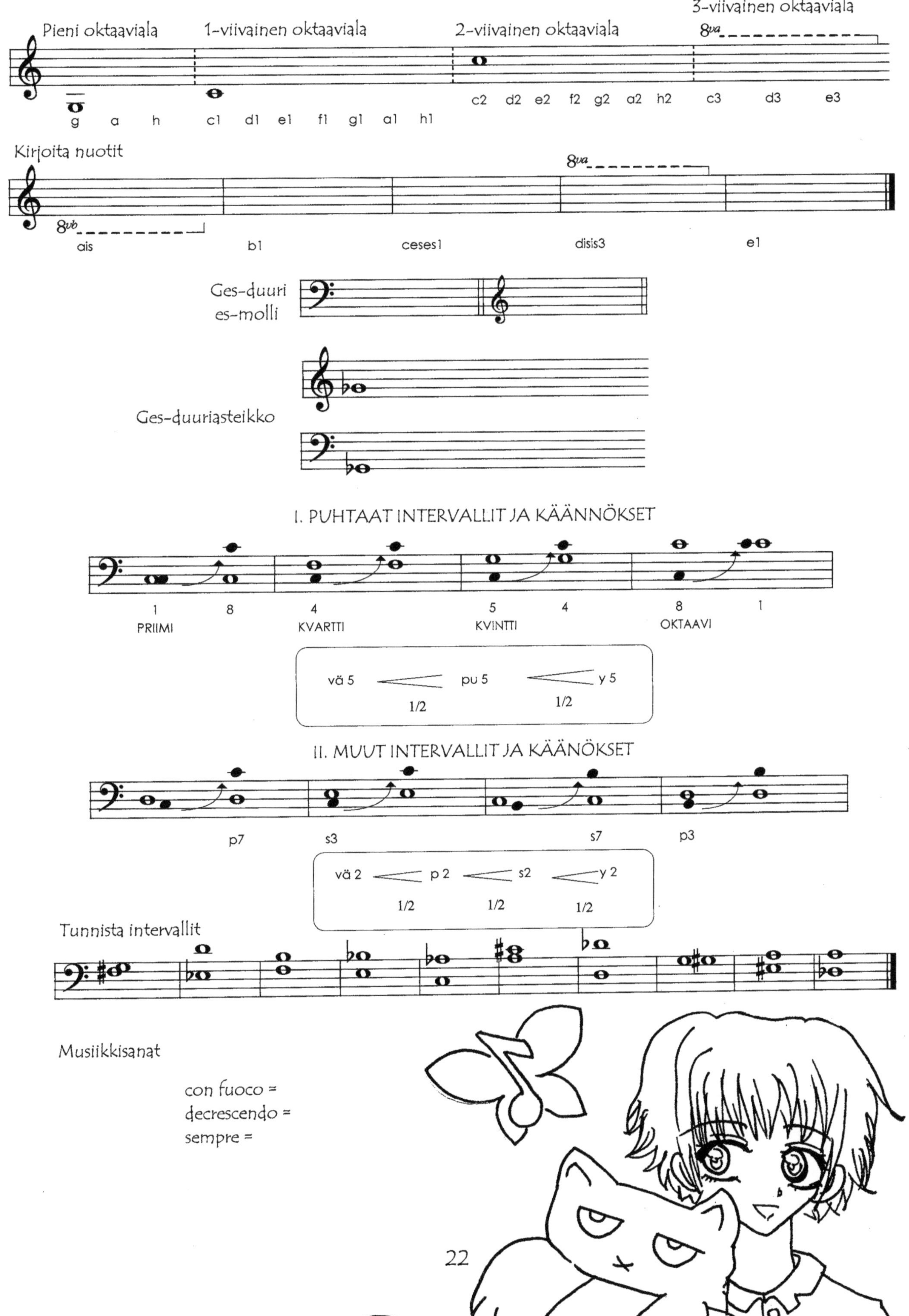

Säveltapailu 3a
Tehtäväsivu nro 7

Rytmitapailu:

LOPPUPITKÄKUVIO
ti   tai   ri tii   ri tii
Syke:

ti tai   ri tii   ti tai

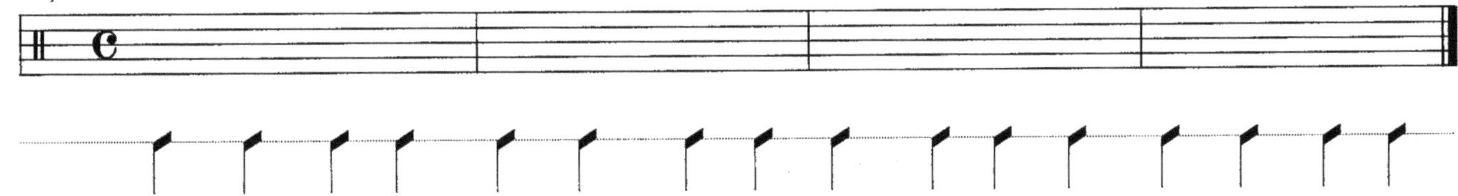

Rytmisanelu:

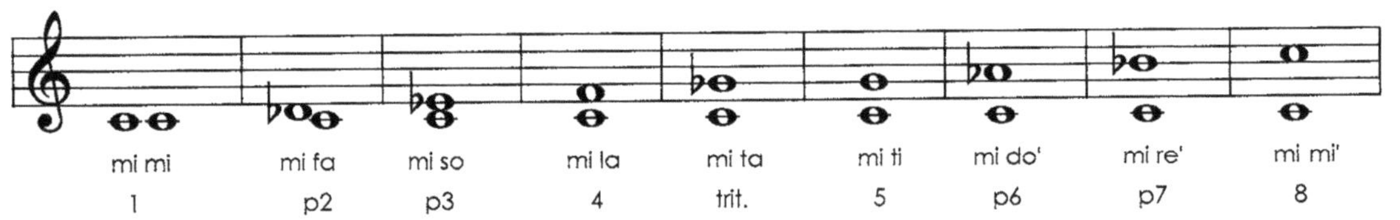

MOLLI-INTERVALLIT:
mi mi   mi fa   mi so   mi la   mi ta   mi ti   mi do'   mi re'   mi mi'
1   p2   p3   4   trit.   5   p6   p7   8

Tunnista intervallit:

Tunnista
soinnut:

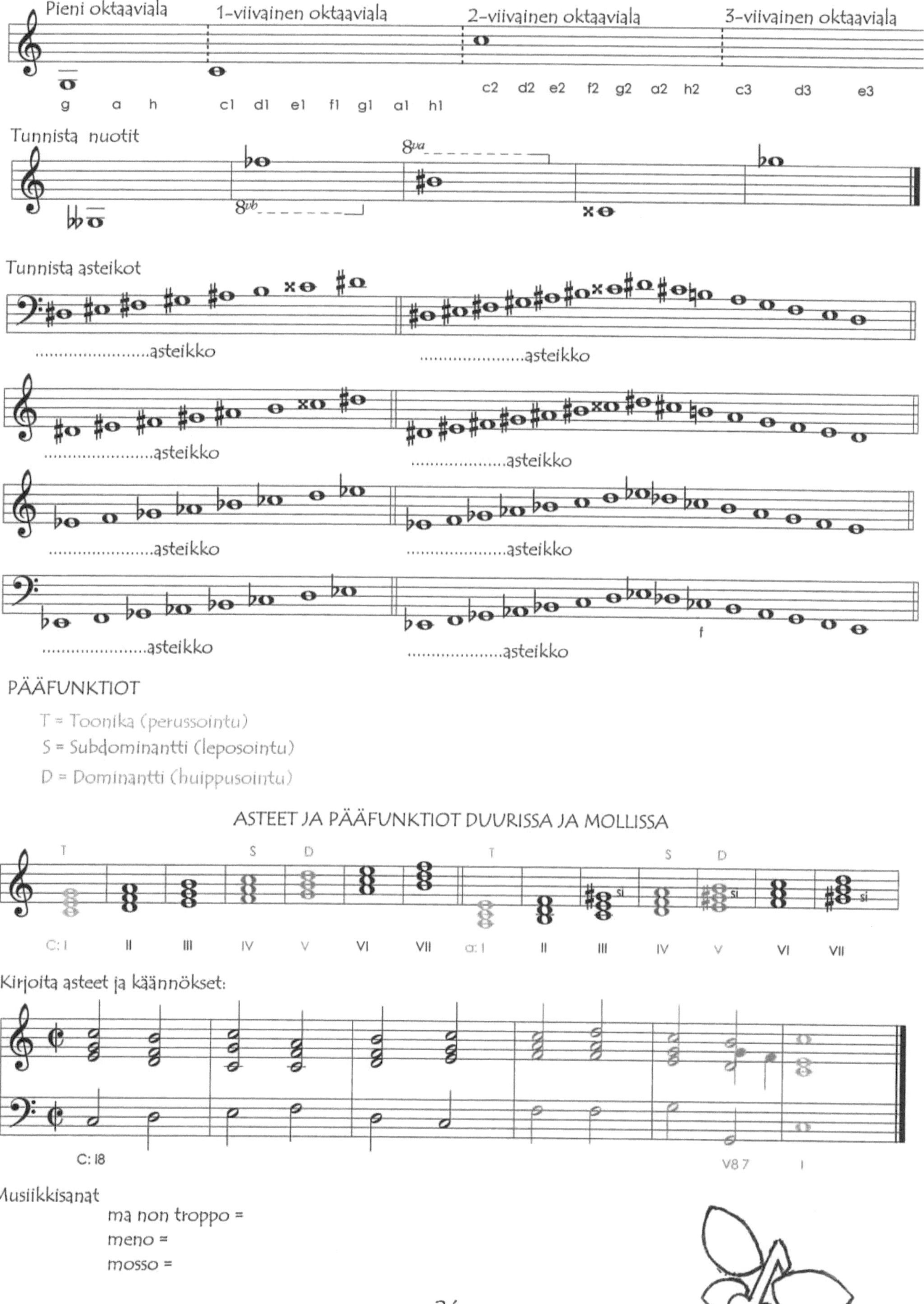

Pieni oktaaviala
1-viivainen oktaaviala
2-viivainen oktaaviala
3-viivainen oktaaviala
g a h c1 d1 e1 f1 g1 a1 h1 c2 d2 e2 f2 g2 a2 h2 c3 d3 e3
Tunnista nuotit
8va
8vb
Tunnista asteikot
.....................asteikko
.....................asteikko
.....................asteikko
.....................asteikko
.....................asteikko
.....................asteikko
.....................asteikko
.....................asteikko
f
PÄÄFUNKTIOT
T = Toonika (perussointu)
S = Subdominantti (leposointu)
D = Dominantti (huippusointu)
ASTEET JA PÄÄFUNKTIOT DUURISSA JA MOLLISSA
T S D T S D
C: I II III IV V VI VII a: I II III IV V VI VII
Kirjoita asteet ja käännökset:
C: I8
V8 7 I
Musiikkisanat
ma non troppo =
meno =
mosso =

Säveltapailu 3a

Tehtäväsivu nro 8

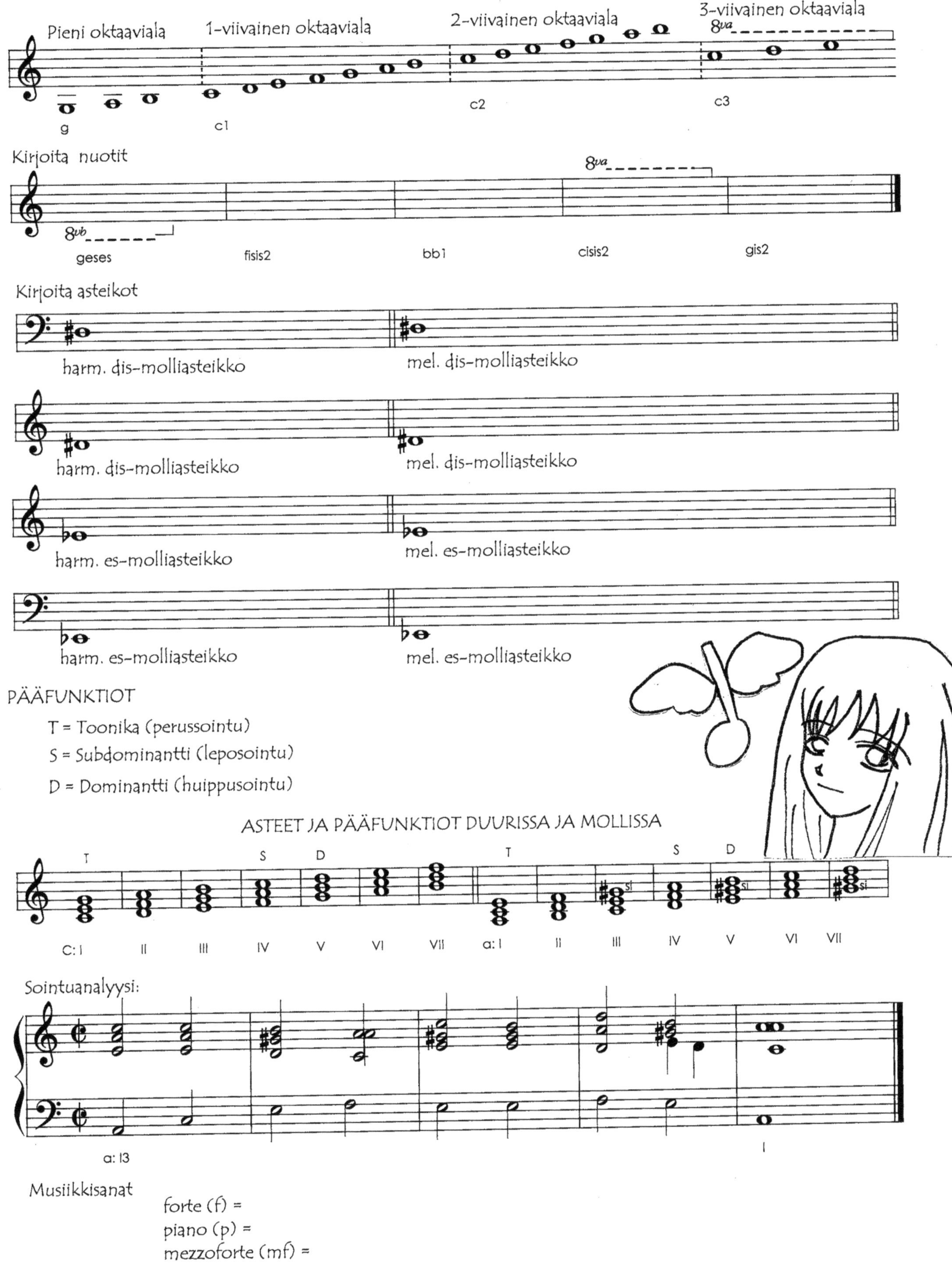
Pieni oktaaviala
1-viivainen oktaaviala
2-viivainen oktaaviala
3-viivainen oktaaviala
8va
g
c1
c2
c3
Kirjoita nuotit
8va
8vb
geses
fisis2
bb1
cisis2
gis2
Kirjoita asteikot
harm. dis-molliasteikko
mel. dis-molliasteikko
harm. dis-molliasteikko
mel. dis-molliasteikko
harm. es-molliasteikko
mel. es-molliasteikko
harm. es-molliasteikko
mel. es-molliasteikko
PÄÄFUNKTIOT
T = Toonika (perussointu)
S = Subdominantti (leposointu)
D = Dominantti (huippusointu)
ASTEET JA PÄÄFUNKTIOT DUURISSA JA MOLLISSA
T
S
D
T
S
D
C: I
II
III
IV
V
VI
VII
a: I
II
III
IV
V
VI
VII
si
si
si
Sointuanalyysi:
a: I3
I
Musiikkisanat
forte (f) =
piano (p) =
mezzoforte (mf) =

Säveltapailu 3A
Tehtäväsivu nro 9

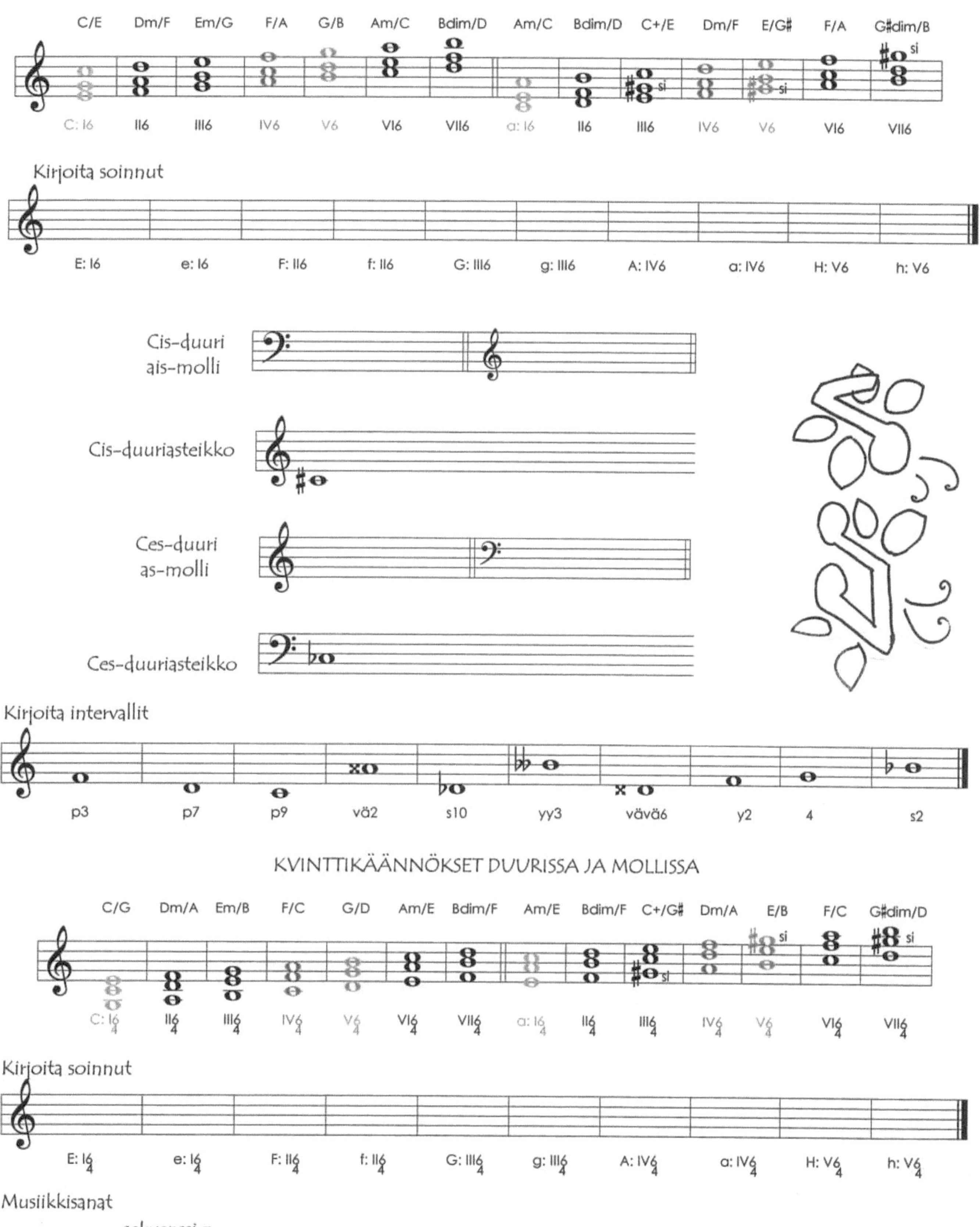
TERSSIKÄÄNNÖKSET DUURISSA JA MOLLISSA
C/E   Dm/F   Em/G   F/A   G/B   Am/C   Bdim/D   Am/C   Bdim/D   C+/E   Dm/F   E/G#   F/A   G#dim/B
si
C: I6   II6   III6   IV6   V6   VI6   VII6   a: I6   II6   III6   IV6   V6   VI6   VII6
Kirjoita soinnut
E: I6   e: I6   F: II6   f: II6   G: III6   g: III6   A: IV6   a: IV6   H: V6   h: V6
Cis-duuri
ais-molli
Cis-duuriasteikko
Ces-duuri
as-molli
Ces-duuriasteikko
Kirjoita intervallit
p3   p7   p9   vä2   s10   yy3   vävä6   y2   4   s2
KVINTTIKÄÄNNÖKSET DUURISSA JA MOLLISSA
C/G   Dm/A   Em/B   F/C   G/D   Am/E   Bdim/F   Am/E   Bdim/F   C+/G#   Dm/A   E/B   F/C   G#dim/D
si   si
C: I6/4   II6/4   III6/4   IV6/4   V6/4   VI6/4   VII6/4   a: I6/4   II6/4   III6/4   IV6/4   V6/4   VI6/4   VII6/4
Kirjoita soinnut
E: I6/4   e: I6/4   F: II6/4   f: II6/4   G: III6/4   g: III6/4   A: IV6/4   a: IV6/4   H: V6/4   h: V6/4
Musiikkisanat
sekvenssi =
fermaatti =
molto =

Säveltapailu 3a
Tehtäväsivu nro 10

Teoria 3a

Tehtäväsivu nro 10

TERSSIKÄÄNNÖKSET DUURISSA JA MOLLISSA

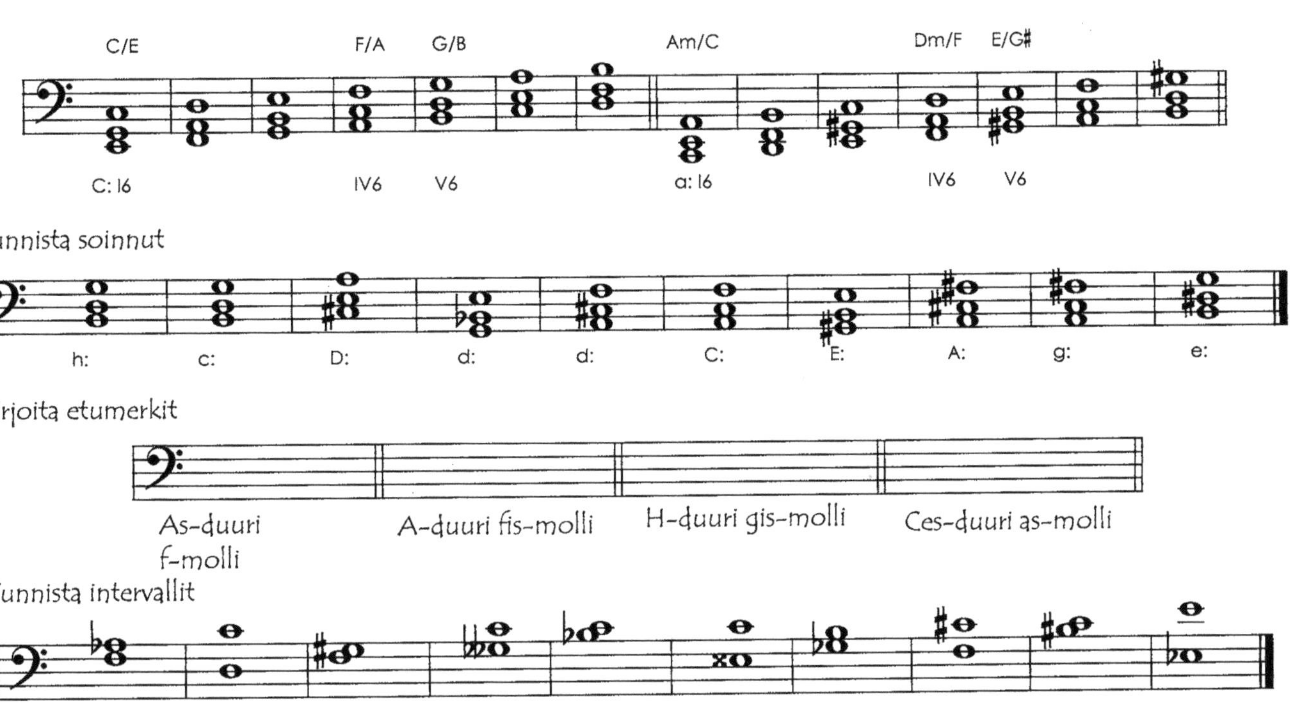

Tunnista soinnut

Kirjoita etumerkit

Tunnista intervallit

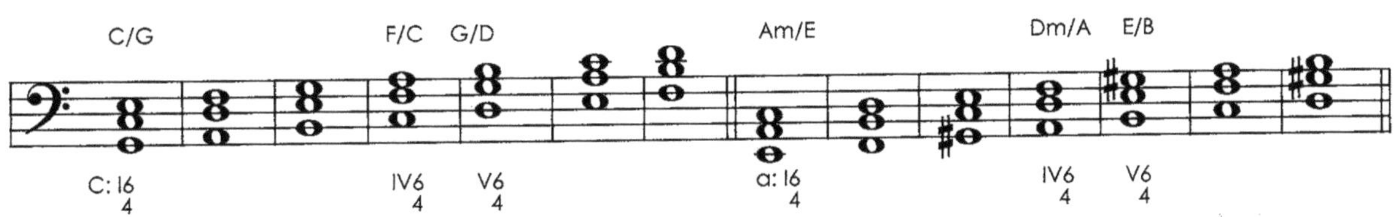

KVINTTIKÄÄNNÖKSET DUURISSA JA MOLLISSA

Tunnista soinnut

Kirjoita soinnut

Musiikkisanat

cantabile =

animato =

enhamoninen =

Säveltapailu 3a

Vastaussivu nro 1

Rytmitapailu:

Rytmisanelu:

KOLMISOINNUT:

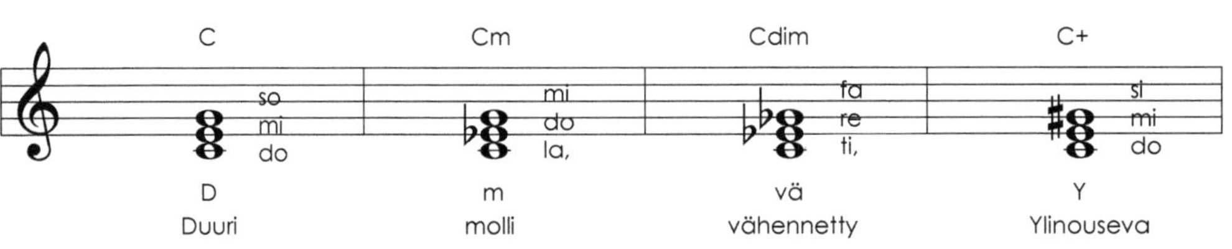

Tunnista soinnut:

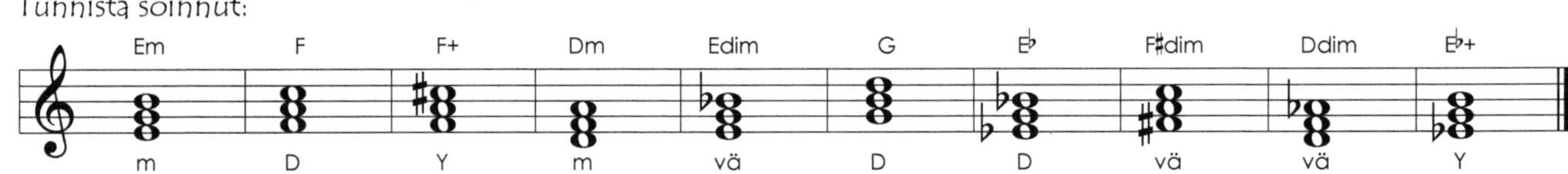

PIENMUOTOANALYYSI:

MUOTO: jonomainen (a b c)

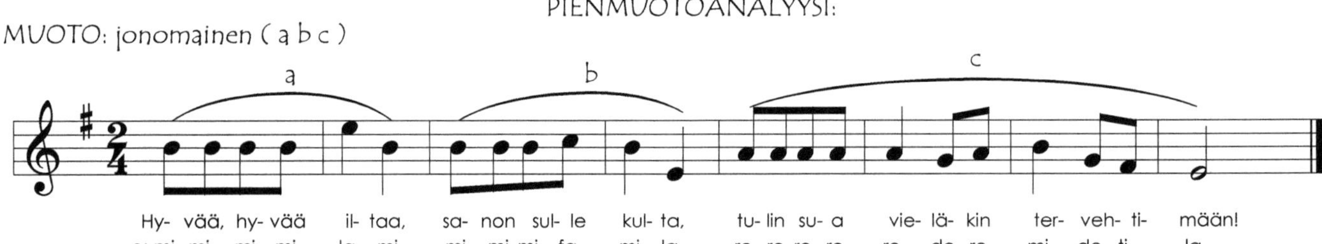

MUOTO: parillinen (a a b b)

MUOTO: kehys (a b a)

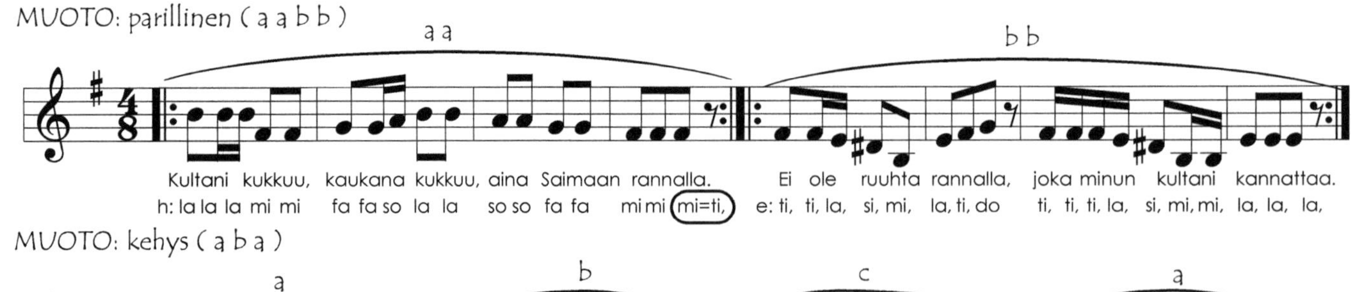

Teoria 3a

Vastaussivu nro 1

KOLMISOINTU ON POHJASÄVELESTÄ, SEN TERSSISTÄ JA KVINTISTÄ MUODOSTETTU SOINTU

Tunnista soinnut

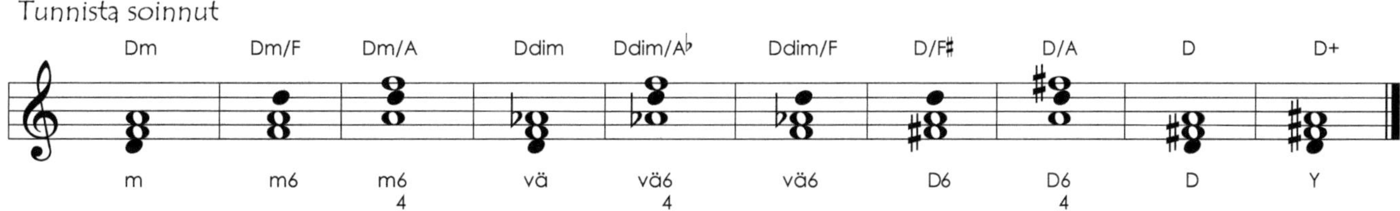

Musiikkisanat

ottava alta = oktaavia ylempää
ottava bassa = oktaavia alempaa
diatoninen = duuri ja mollisävelalaan perustuva säveljärjestelmä

Säveltapailu 3a
Vastaussivu nro 2

Melodiatapailu:

MUOTO: jonomainen (a b c)

Transponoi H-duuriin:

Transponoi Des-duuriin:

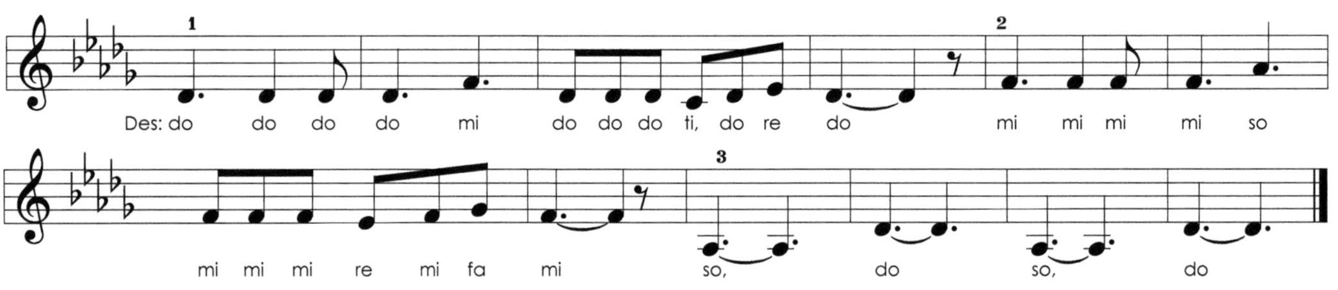

Melodiasanelu:

MUOTO: jonomainen

Teoria 3a

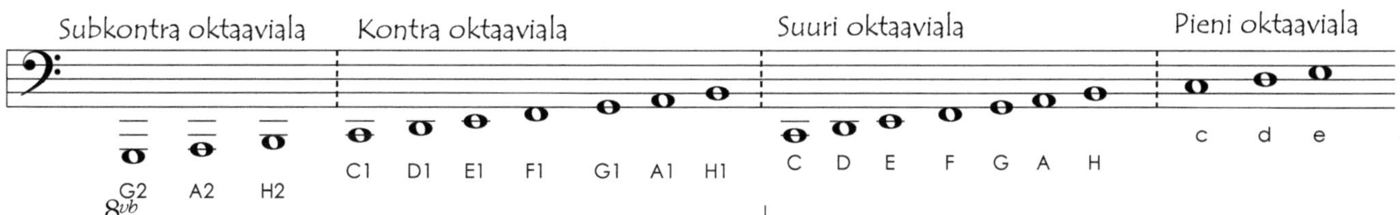

Kirjoita nuotit

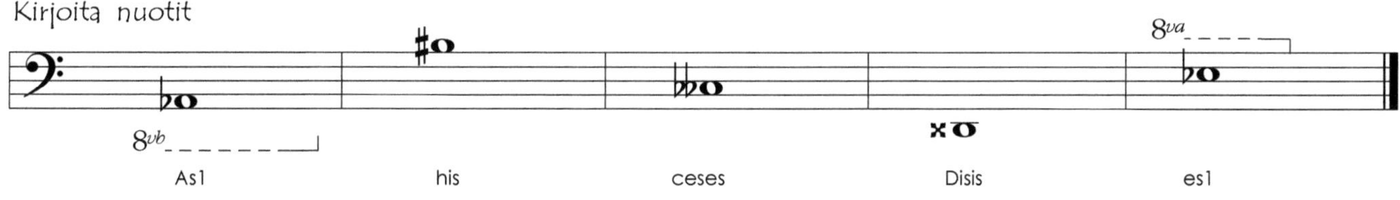

Des-duuriasteikko

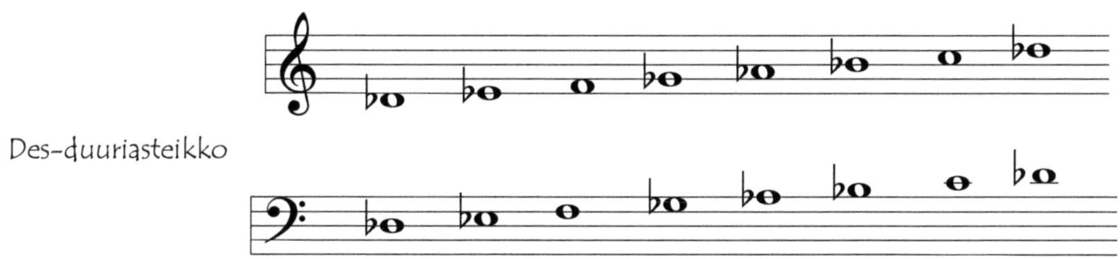

KOLMISOINTU ON POHJASÄVELESTÄ, SEN TERSSISTÄ JA KVINTISTÄ MUODOSTETTU SOINTU

Rakenna soinnut

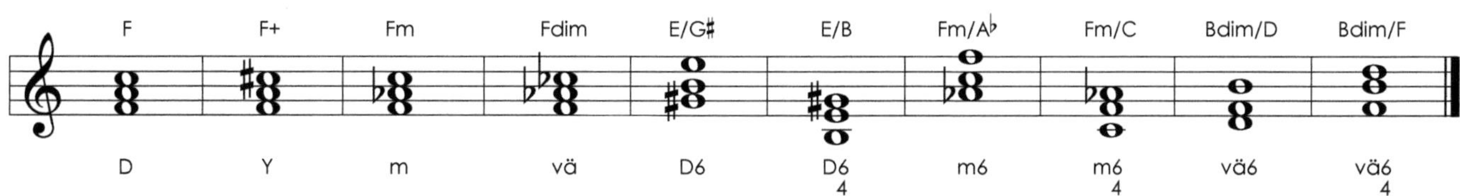

Musiikkisanat

käännös = soinnun muoto, jossa alimpana sävelenä on muu kuin pohjasävel
adagietto = nopeammin, kuin adagio
imitaatio = jäljittely

Säveltapailu 3a
Vastaussivu nro 3

ALKUPITKÄKUVIO

Rytmitapailu:

M.M. ♩ = 72

Rytmisanelu:

KOLMISOINNUT:

Tunnista soinnut:

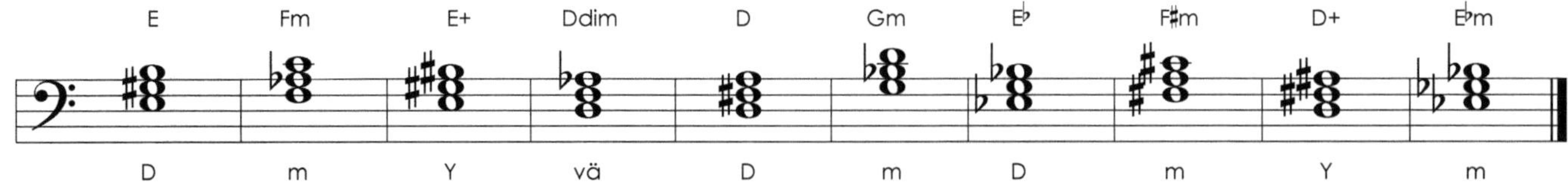

Teoria 3a

Vastaussivu nro 3

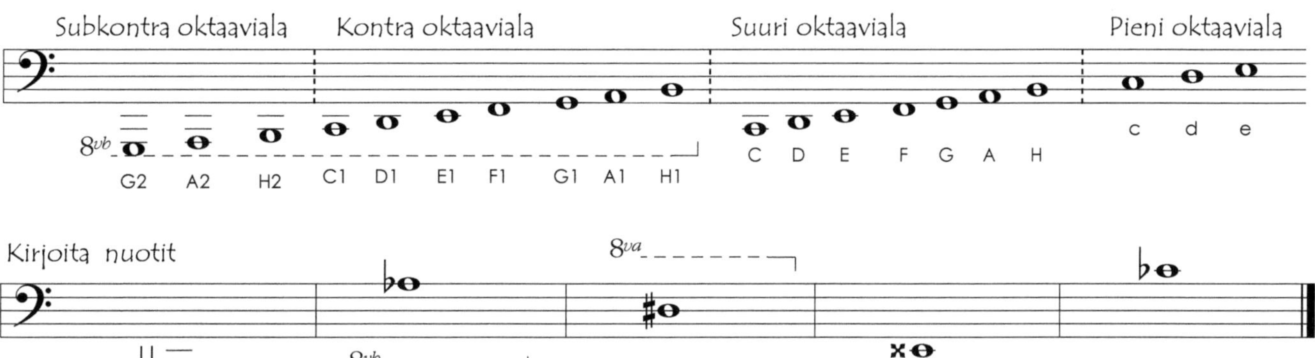

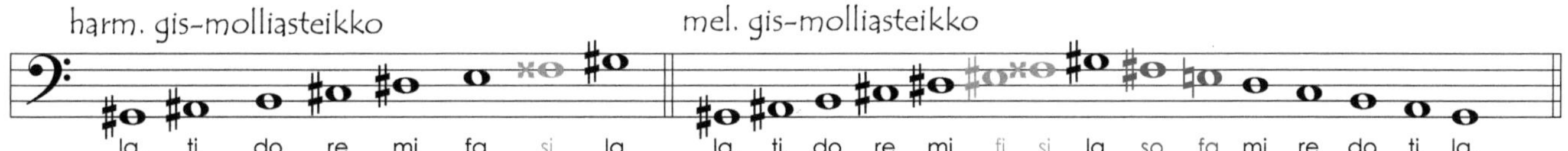

Kirjoita asteikot

NELISOINTU ON POHJASÄVELESTÄ, SEN TERSSISTÄ, KVINTISTÄ JA SEPTIMISTÄ MUODOSTETTU SOINTU

Rakenna soinnut

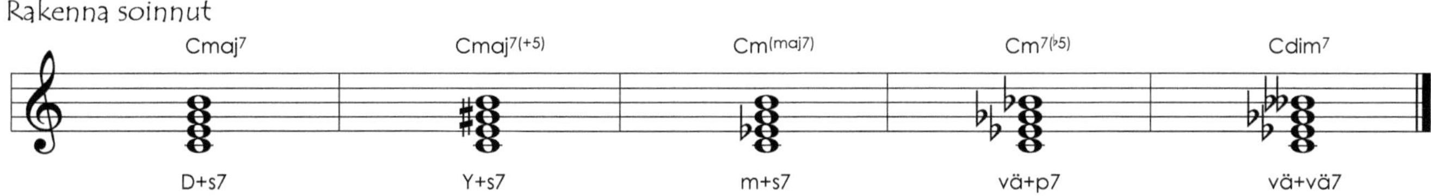

Musiikkisanat

tritonus = kolme kokosävelaskelta
tonaalinen = duuri- tai mollijärjestelmässä oleva
M.M. = metronomin lyhennys

Säveltapailu 3a
Vastaussivu nro 4

Teoria 3a

Vastaussivu nro 4

NELISOINTU ON POHJASÄVELESTÄ, SEN TERSSISTÄ, KVINTTISTÄ JA SEPTIMISTÄ MUODOSTETTU SOINTU

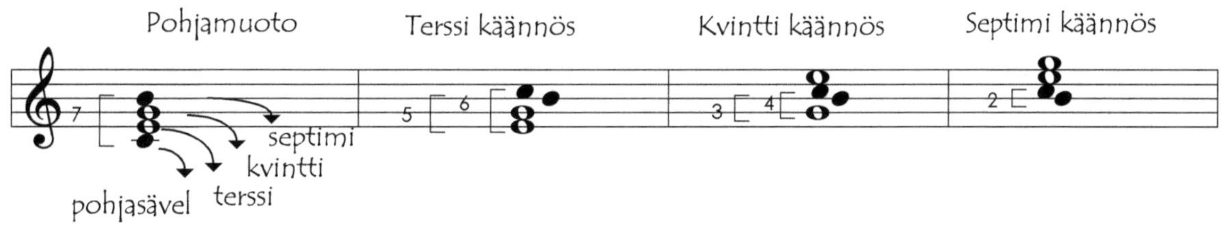

Tunnista soinnut

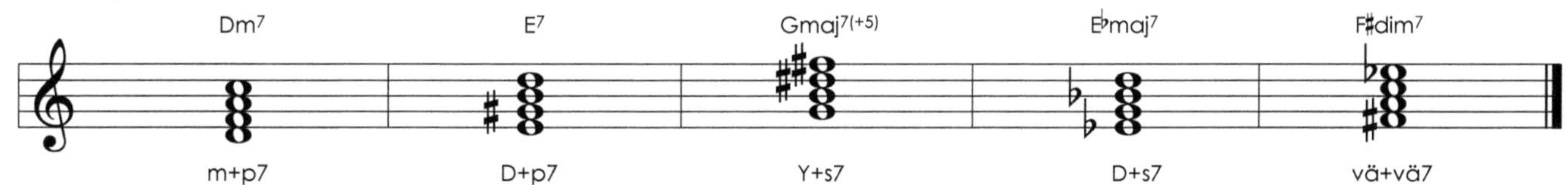

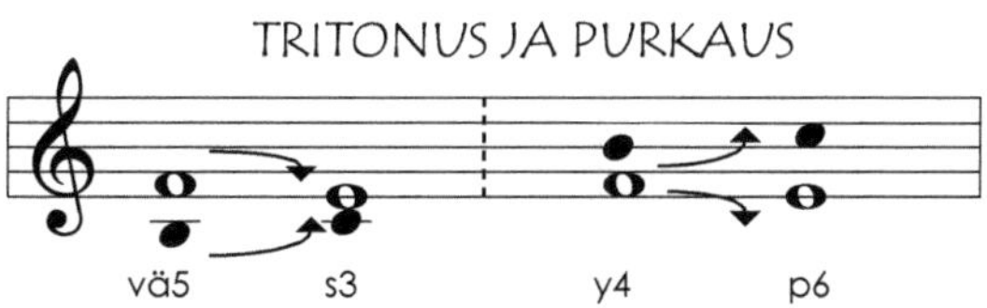

Musiikkisanat

con brio = loisteliaasti
con amore = sydämestä
purkaus = eteneminen dissonoivasta konsonoivaan

Säveltapailu 3a
Vastaussivu nro 5

KESKIPITKÄKUVIO

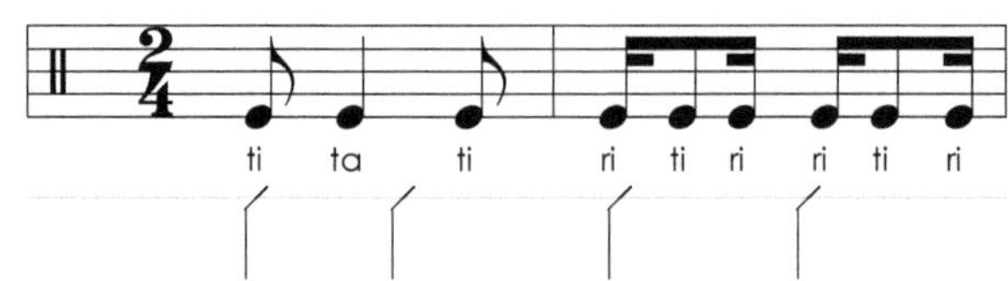

Rytmitapailu:

SYNKOOPPI

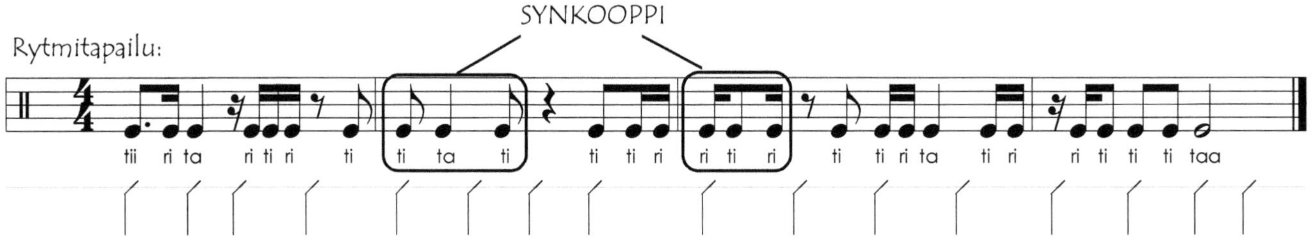

Rytmisanelu:

DUURI-INTERVALLIT:

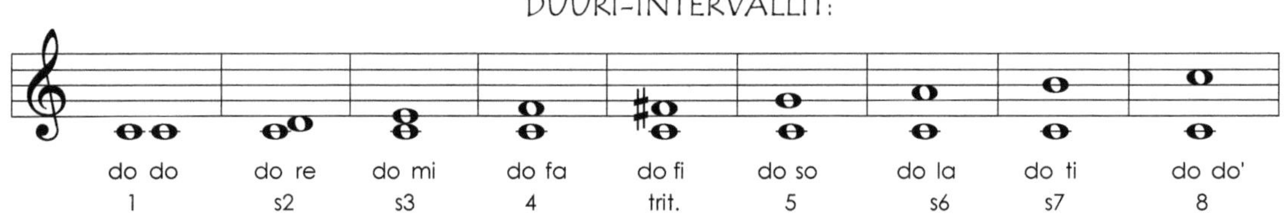

Tunnista intervallit:

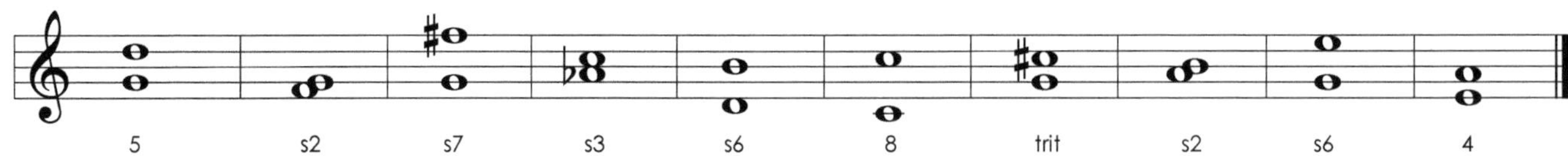

Tunnista soinnut:

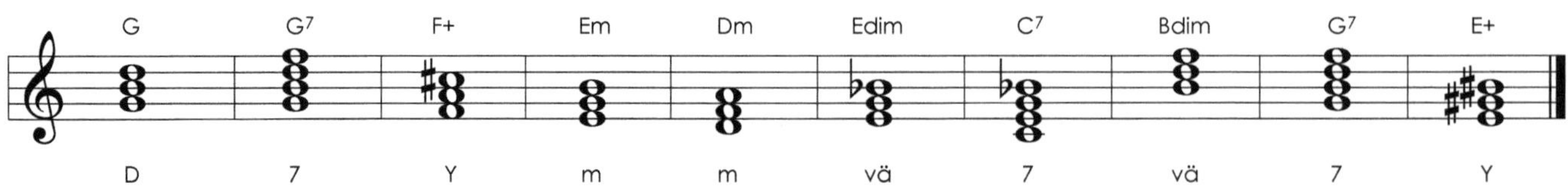

39

Teoria 3a

Vastaussivu nro 5

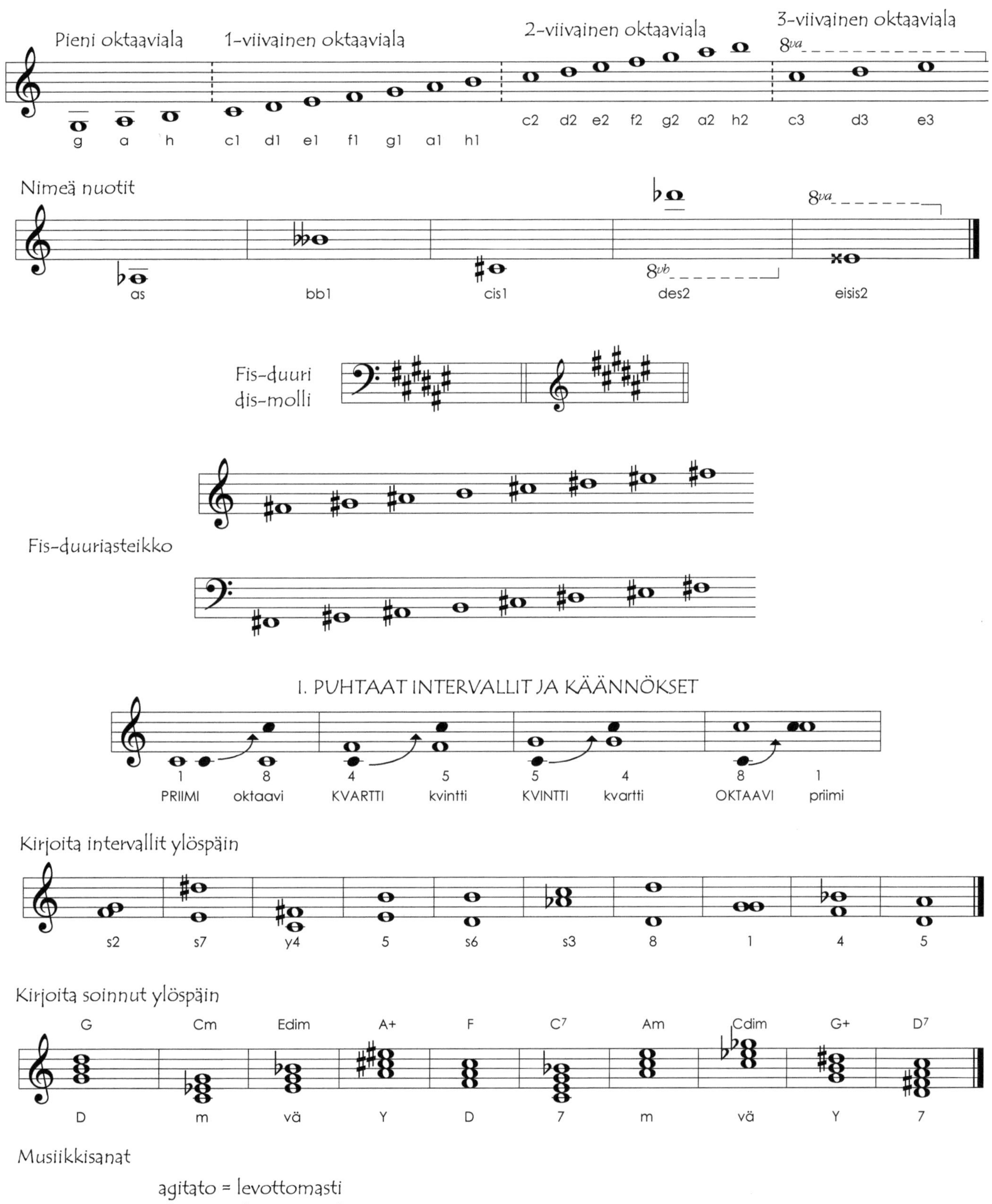

Musiikkisanat

agitato = levottomasti
aksentti = korostus, isku
alla breve = 2/2-tahtilaji

Säveltapailu 3a

Vastaussivu nro 6

DUURI-INTERVALLIT:

Tunnista intervallit:

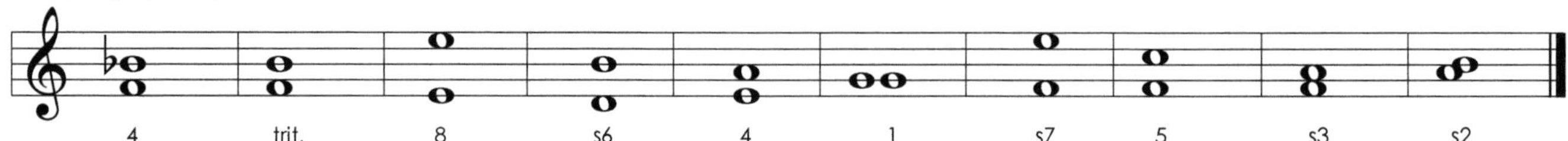

Melodiatapailu:

Transponoi Fis-duuriin:

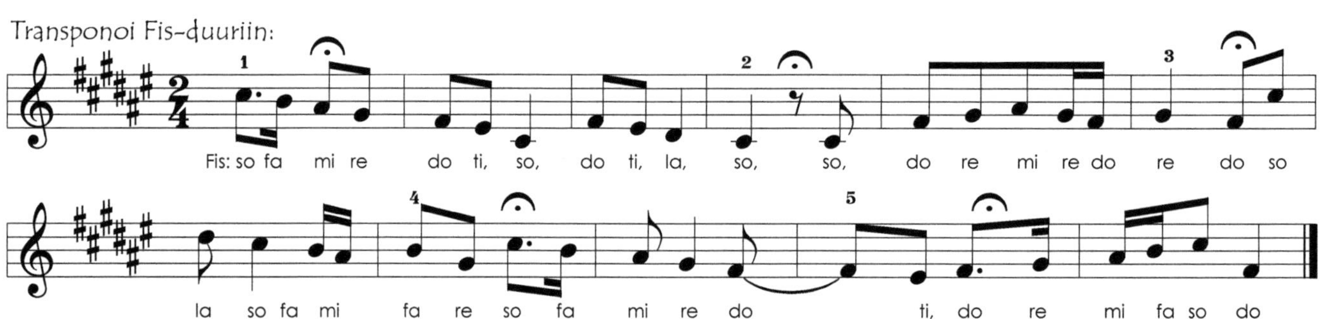

Transponoi Ges-duuriin:

Melodiasanelu:

Teoria 3a

Musiikkisanat

con fuoco = tulisesti
decrescendo = hiljentyen
sempre = koko ajan

Säveltapailu 3a

Vastaussivu nro 7

LOPPUPITKÄKUVIO

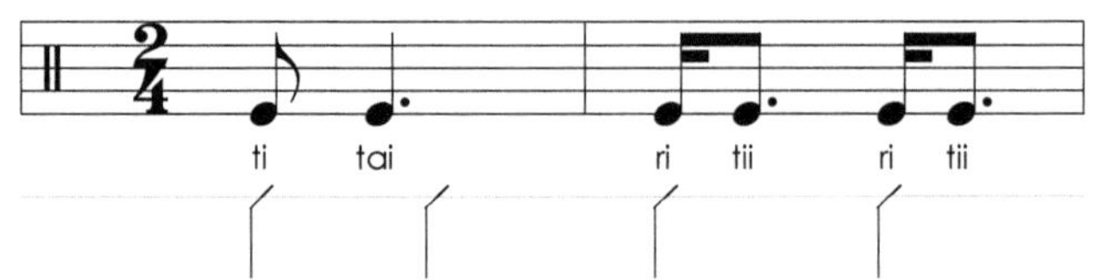

Rytmitapailu:

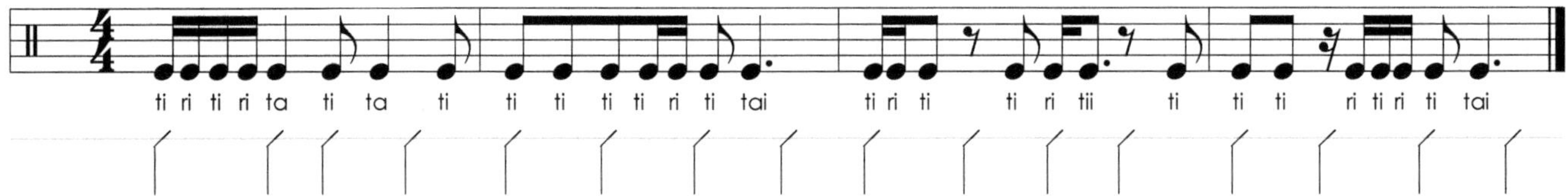

Rytmisanelu:

MOLLI-INTERVALLIT:

Tunnista intervallit:

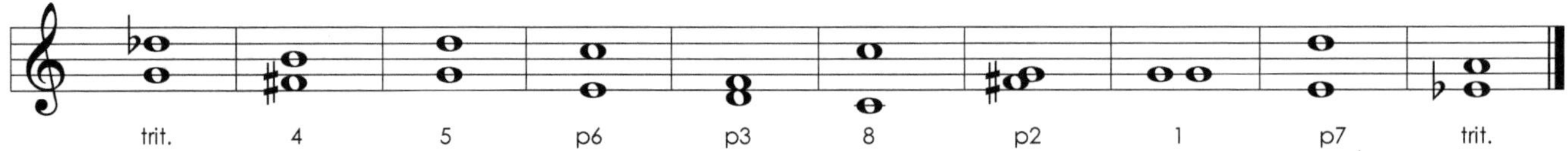

Tunnista soinnut:

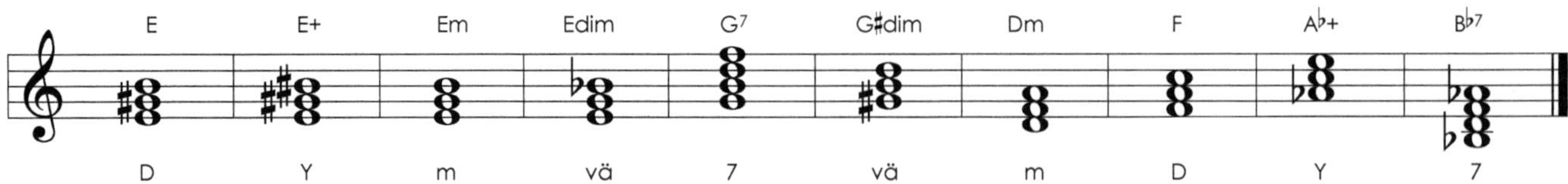

PÄÄFUNKTIOT
T = Toonika (perussointu)
S = Subdominantti (leposointu)
D = Dominantti (huippusointu)

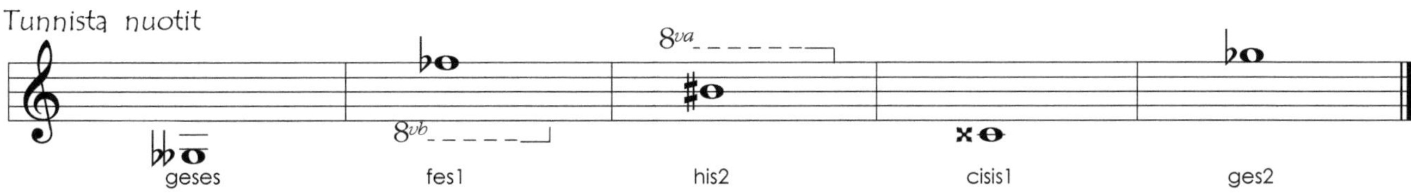

Tunnista nuotit

Tunnista asteikot

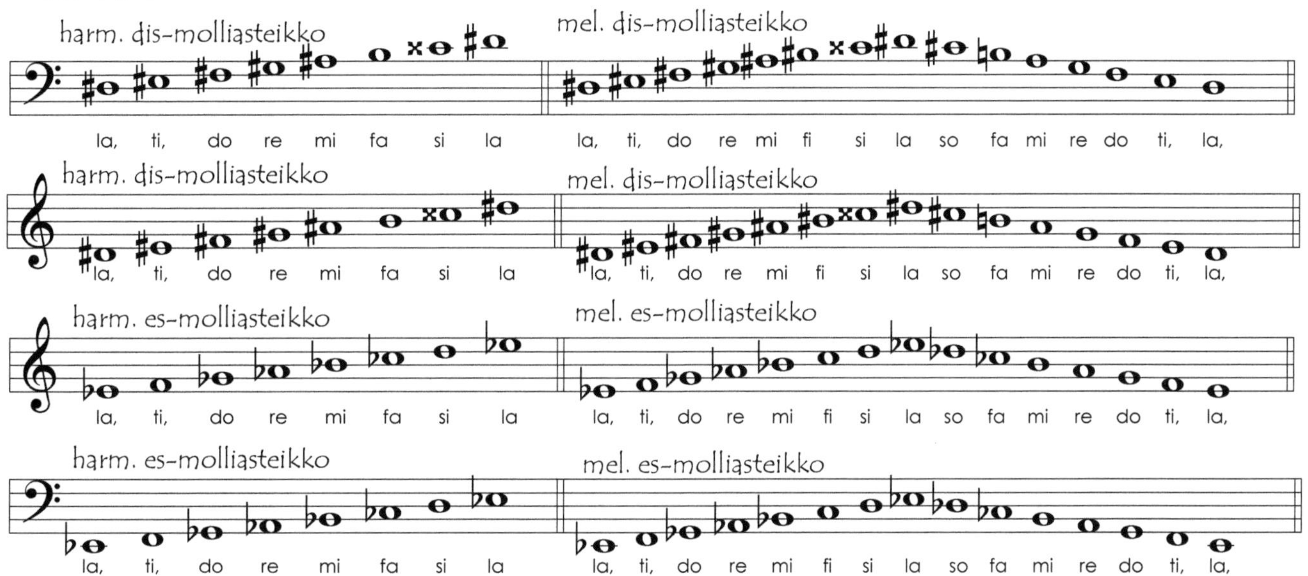

ASTEET JA PÄÄFUNKTIOT DUURISSA JA MOLLISSA

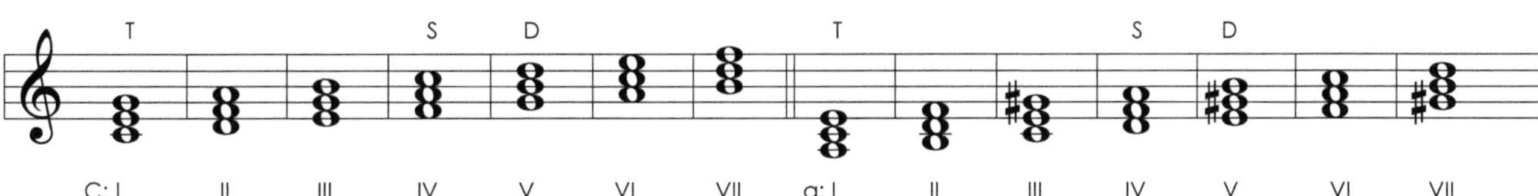

Kirjoita asteet ja käännökset:

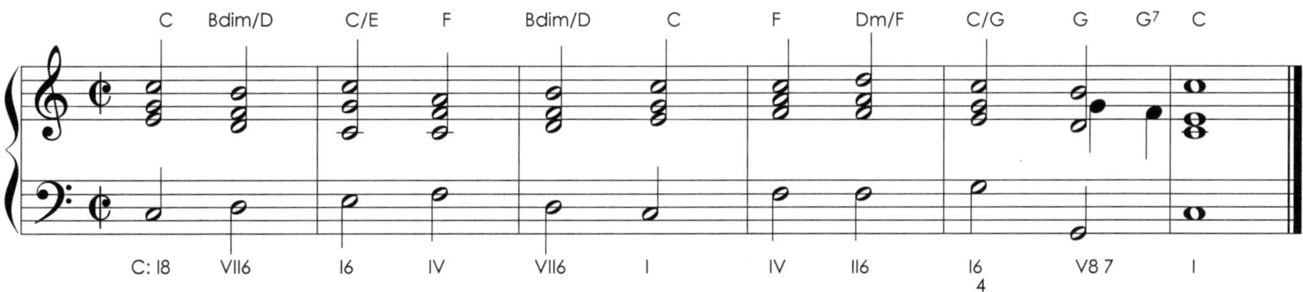

Musiikkisanat
ma non troppo = mutta ei liikaa
meno = vähemmän
mosso = liikkuva

Säveltapailu 3a
Vastaussivu nro 8
MOLLI-INTERVALLIT:
mi mi   mi fa   mi so   mi la   mi ta   mi ti   mi do'   mi re'   mi mi'
1   p2   p3   4   trit.   5   p6   p7   8
Tunnista intervallit:
5   trit.   p6   1   p3   8   p7   4   p7   p2
Melodiatapailu:
a a
con amore mf
Niin mi - nä nei - to-nen si - nul - le lau - lan kuin o - mal - le kul - lal - le - ni.
d: la, do mi la mi mi so fa fa mi do la, re do re mi mi la, la,
meno mosso ma non troppo
b b
Jos o - lis val - ta niin kuin on mie - li, niin ot - tai - sin o - mak - se - ni.
re re mi re do ti, mi mi fa mi do ti, la, do la, si, ti, la, la,
MUOTO: parillinen (a a b b)
Transponoi dis-molliin:
p
dis: la, do mi la mi mi so fa fa mi do la, re do re mi mi la, la,
re re mi re do ti, mi mi fa mi do ti, la, do la, si, ti, la, la,
Transponoi es-molliin:
es: la, do mi la mi mi so fa fa mi do la, re do re mi mi la, la,
re re mi re do ti, mi mi fa mi do ti, la, do la, si, ti, la, la,
Melodiasanelu:
f
Tai - vas on si - ni - nen ja val - koi - nen ja täh - tö - si - ä täyn - nä;
d: la, la, do mi mi mi re do ti, la, si, la, do re mi mi fa mi re mi mi
niin on nuo - ri sy - dä - me - ni a - ja - tuk - si - a täyn - nä.
mi mi ti la so fa mi re mi la, ti, do re mi re do ti, ti, la, la,
MUOTO: parillinen (a a b b)
45

PÄÄFUNKTIOT

D = Dominantti (huippusointu)

S = Subdominantti (leposointu)

T = Toonika (perussointu)

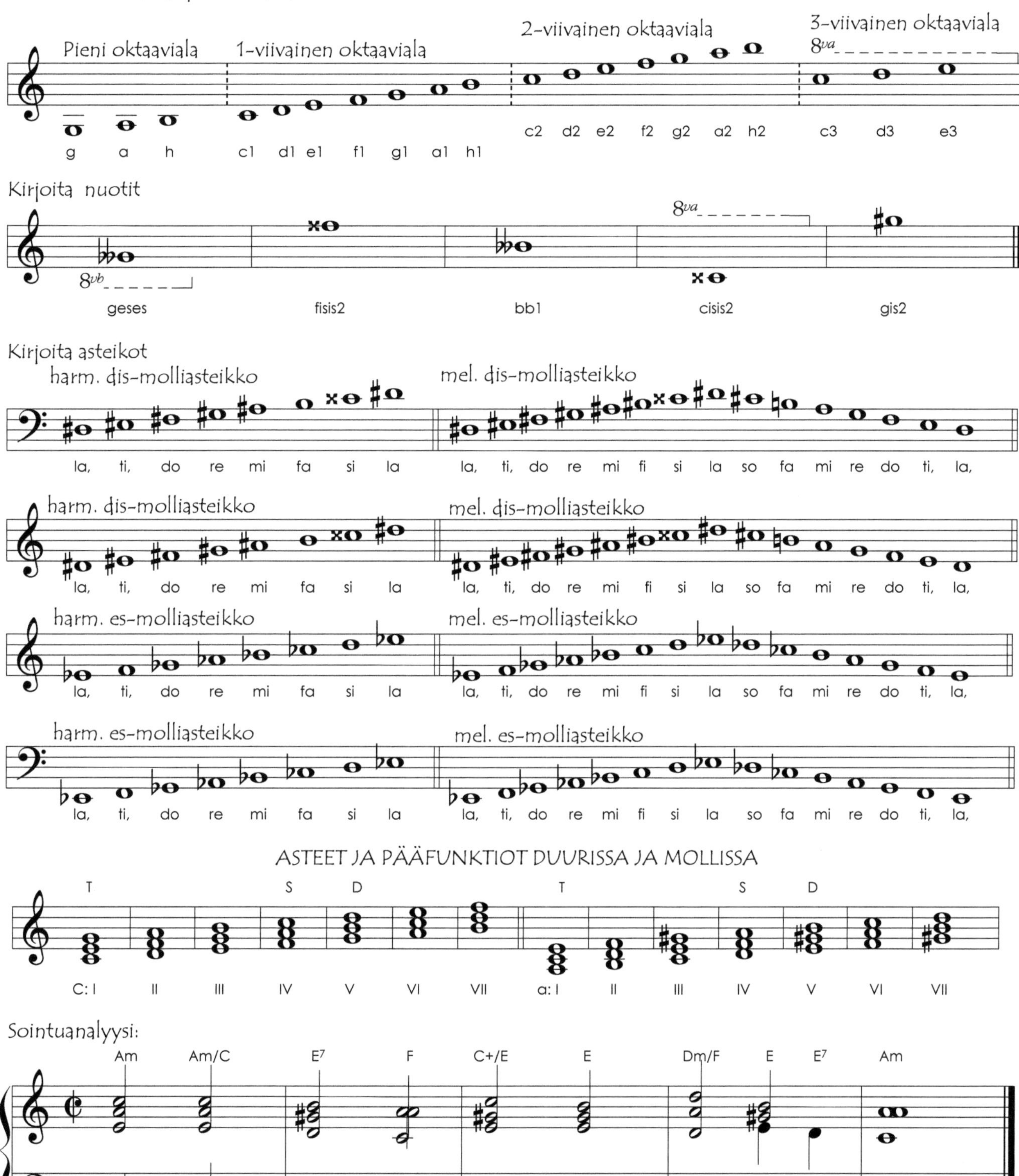

Musiikkisanat

forte (f) = voimakkaasti

piano (p) = hiljaa

mezzoforte (mf) = puolikovaa

Säveltapailu 3a

Vastaussivu nro 9

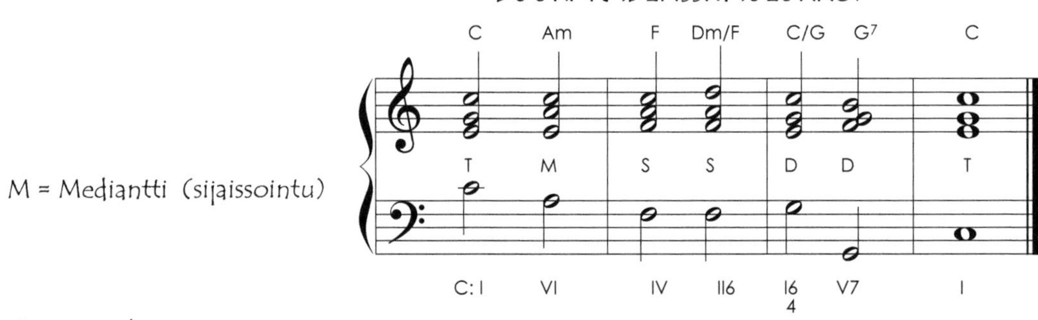

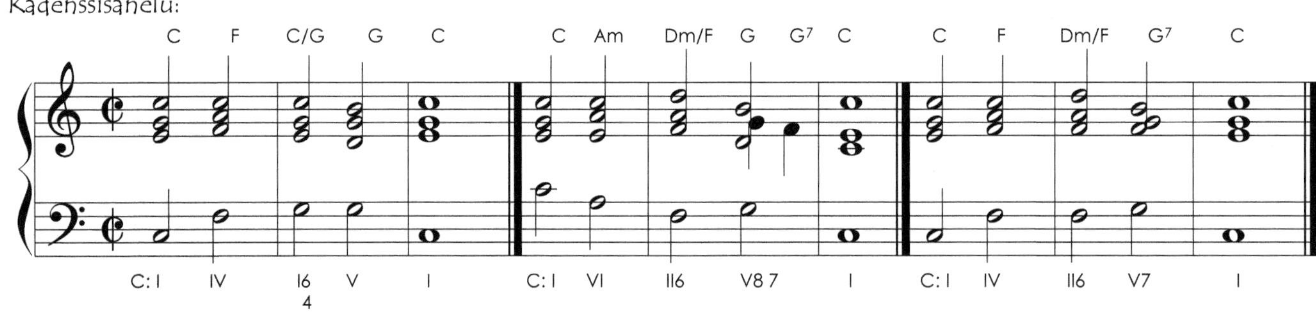

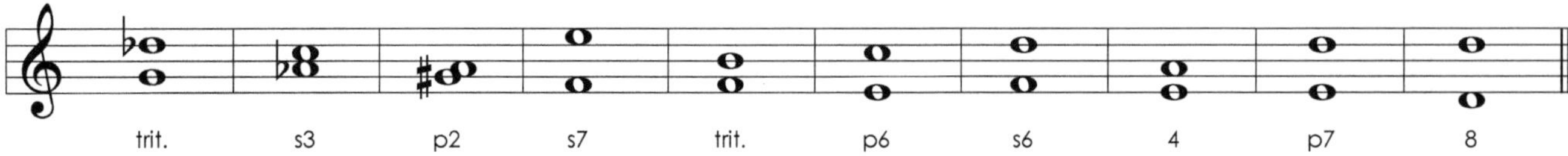

47

Teoria 3a

Vastaussivu nro 9

TERSSIKÄÄNNÖKSET DUURISSA JA MOLLISSA

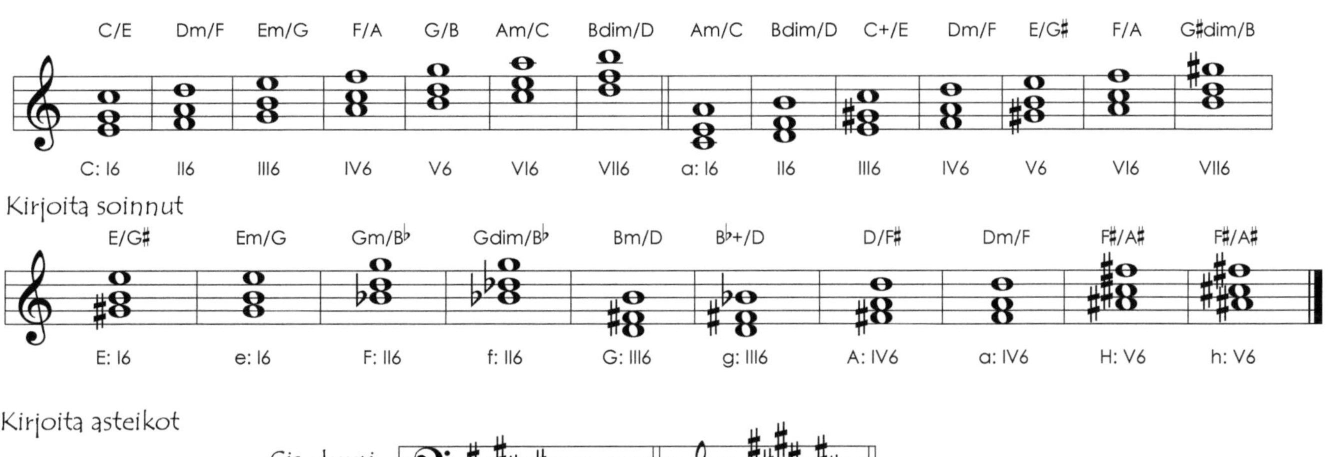

Kirjoita soinnut

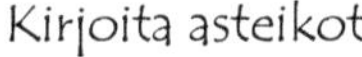

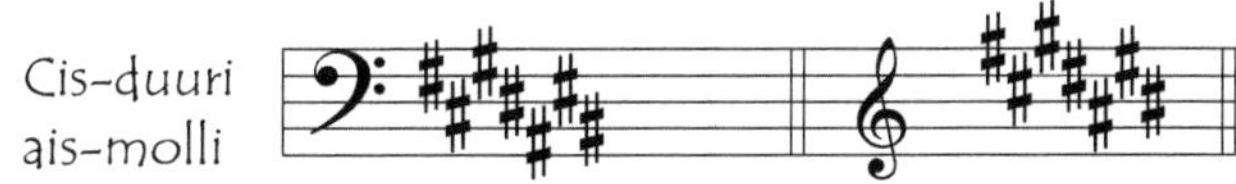

Kirjoita asteikot

Cis-duuriasteikko

Ces-duuri
as-molli

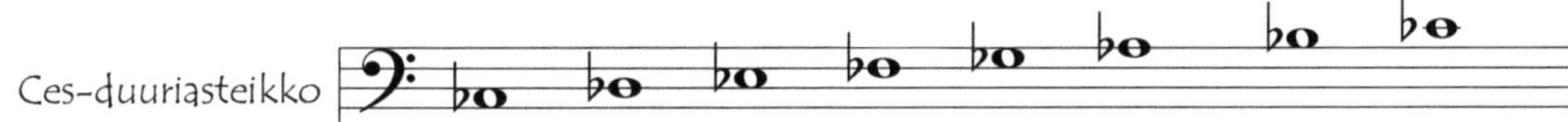

Ces-duuriasteikko

Kirjoita intervallit

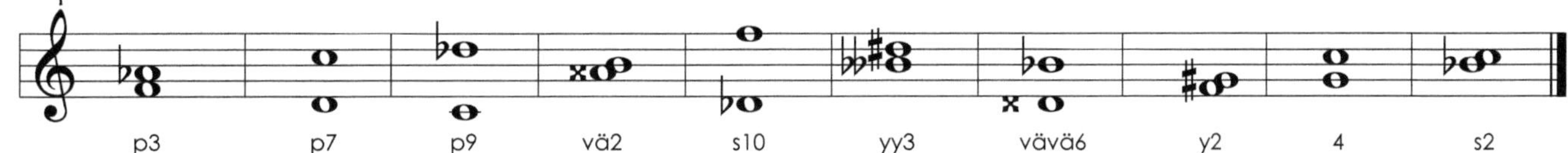

KVINTTIKÄÄNNÖKSET DUURISSA JA MOLLISSA

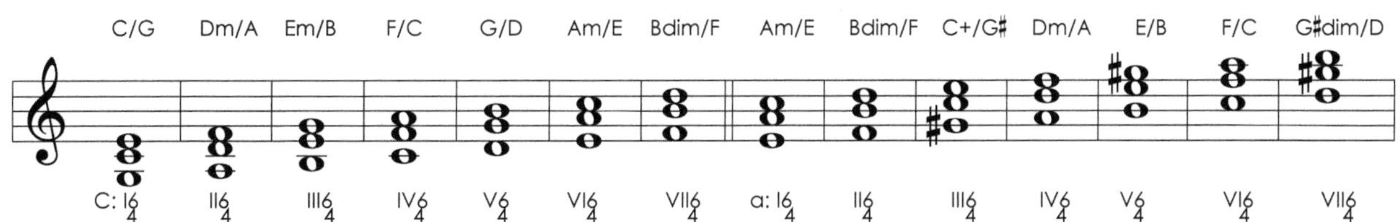

Kirjoita soinnut

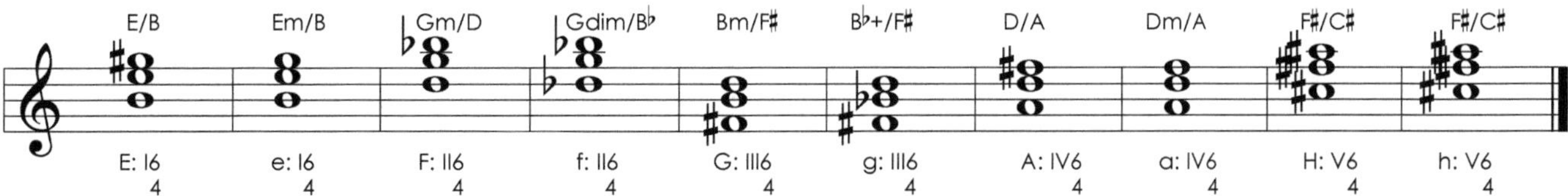

Musiikkisanat

    sekvenssi = aiheensiirto
    fermaatti = pidäke
    molto = paljon, sangen, hyvin, erittäin

Säveltapailu 3a

Vastaussivu nro 10

49

Teoria 3a

Vastaussivu nro 10

TERSSIKÄÄNNÖKSET DUURISSA JA MOLLISSA

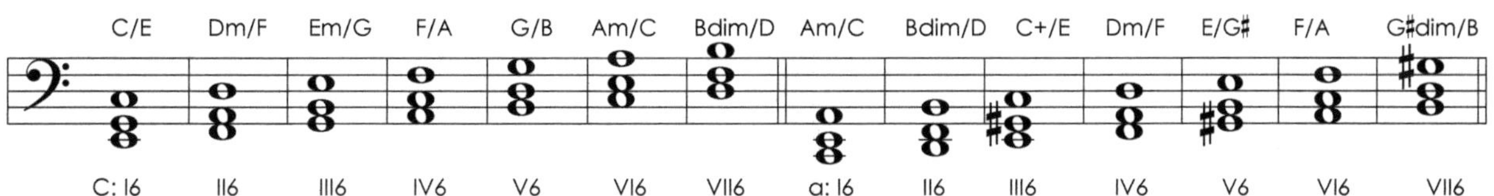

Tunnista soinnut

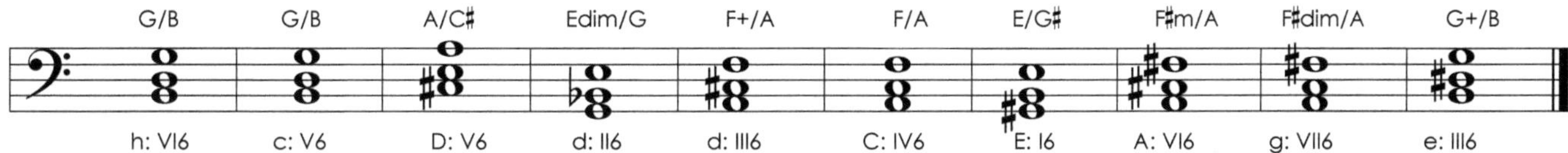

Kirjoita etumerkit

Tunnista intervallit

KVINTTIKÄÄNNÖKSET DUURISSA JA MOLLISSA

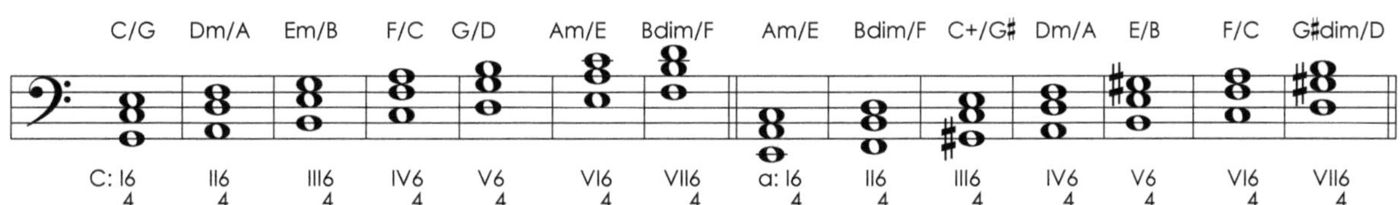

Tunnista soinnut

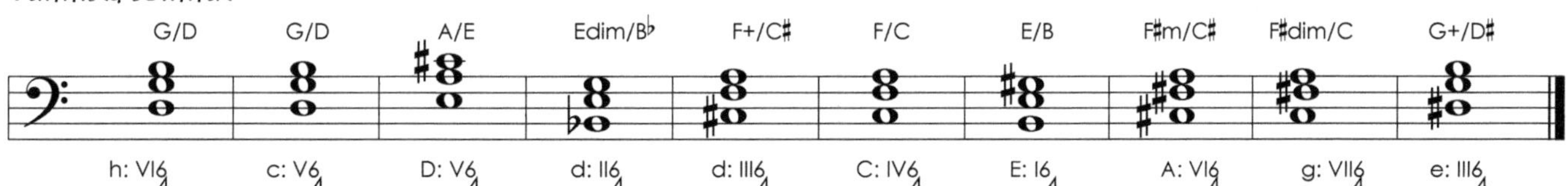

Kirjoita soinnut

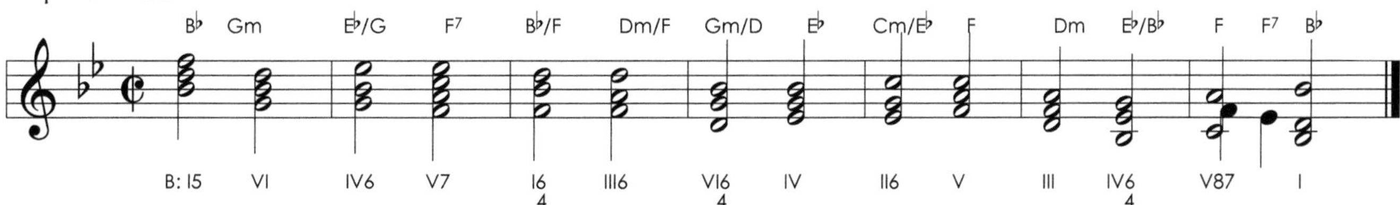

Musiikkisanat

cantabile = laulavasti
animato = vilkkaasti
enhamoninen = esim. cis ja des

MUSIIKKITERMINOLOGIA

a tempo	paluu alkuperäiseen tempoon	käännös	soinnun alimpana muu kuin pohjasävel
accelerando	kiihdyttäen	largo	erittäin hitaasti
ad libitum	mielen mukaan	legato	sitoen
adagio	hitaasti	lento	hitaasti
agitato	kiihkeästi	loco	kumoaa oktaavisiirtomerkin vaikutuksen
agogiikka	esityksen tempon tai rytmin vaihtelut	M.M.	metronomin lyhennys
aksentti	isku, korostus	ma non troppo	mutta ei liikaa
alennusmerkki	alentaa nuotin puoli sävelaskelta	maestoso	juhlallisesti
alla breve	2/2 tahtilaji	marcato	painokkaasti
alla marcia	marssin tapaan	meno	vähemmän
allargando	leveämmin, hidastuen	mezzoforte	puolikovaa
allegretto	nopeahkosti	mezzopiano	puolihiljaa
allegro	nopeasti	modaalinen	kirkkosävellajit
amabile	viehättävästi	moderato	kohtuullisesti
andante	käyden	modulaatio	sävellajin vaihdos
andantino	keveästi käyden	molto	paljon, sangen, hyvin, erittäin
animato	eloisasti, vilkkaasti	mosso	liikkuva
assai	paljon, sangen, hyvin, erittäin	nyanssi	vivahde
attacca	tauotta	ottava alta / bassa	oktaavia ylempää / alempaa
brevis	kaksoiskokonuotti	palautusmerkki	kumoaa ylennys tai alennusmerkin vaikutuksen
cantabile	laulavasti	pentakordi	viisisävelinen asteikko
C-avain	viittaa c1:een	pianissimo	hyvin hiljaa
con amore	sydämestä	piano	hiljaa
con brio	loisteliaasti	pizzicato	kieliä näppäillen
con fuoco	tulisesti	poco a poco	vähitellen
crescendo	voimistuen	polyfoninen	moniääninen
da Capo al Fine	alusta Fineen saakka	portato	artikulaatiotapa legaton ja staccaton välillä
decrescendo	hiljentyen	prestissimo	erittäin nopeasti
diatoninen	duuri- tai mollisäveljärjestelmä	presto	hyvin nopeasti
diminuendo	hiljentyen	prima vista	ensi näkemältä
dolce	suloisesti	purkaus	eteneminen dissonoivasta konsonoivaan
dominantti	huippusävel	rallentando	hidastaen
dynamiikka	äänen voimakkuuden vaihtelu	rinnakkaissävellajit	duuri ja molli, joilla on sama etumerkintä
enharmoninen	esim. Cis-duuri ja Des-duuri	risoluto	päättävästi
F-avain	viittaa pieni f:een	ritardando	hidastaen
fermaatti	pidäke	ritenuto	viivytellen
festivo	juhlallisesti	rubato	vapaasti
forte	voimakkaasti	scherzando	leikkisästi
forzando	äkillinen korostus	simile	jatkuen samaan tapaan
G-avain	viittaa g1:een	sostenuto	pidätellen
grave	raskaasti	spiritoso	sielukkaasti
grazioso	sirosti	staccato	lyhyesti
hajasävel	sointuun kuulumaton	stringendo	kiihdyttäen
heksakordi	kuusisävelinen asteikko	subdominantti	leposävel
homofoninen	äänet samassa rytmissä, yksi hallitseva	synkooppi	keskipitkä
imitaatio	jäljittely	tempo	esitysnopeus
intervalli	kahden sävelen välimatka	tempo primo	paluu alkuperäiseen tempoon
johtosävel	asteikon 7.sävel	tenuto	viivyttäen
kadenssi	lopuke	Toonika	perussävel
kenraalibasso	basso merkitty nuotein, muut numeroin	trilli	kahden vierekkäisen sävelen nopea vuorottelu
kolmisointu	pohjasävel + terssi + kvintti	tritonus	kolme kokosävelaskelta
kontrapunkti	itsenäisten melodioiden yhdistäminen	vivace	eloisasti
kromaattinen	puolisävelaskelissa nouseva/laskeva asteikko	ylennysmerkki	ylentää nuotin puoli sävelaskelta